出纳入门
故事书

姜艳玲
于希宏

著

广东旅游出版社
悦读书·悦旅行·悦享人生

中国·广州

图书在版编目（CIP）数据

出纳入门故事书／姜艳玲，于希宏．— 广州：广东旅游出版社，2019.4
ISBN 978-7-5570-1630-2

Ⅰ. ①出… Ⅱ. ①姜… ②于… Ⅲ. ①出纳－会计实务－通俗读物 Ⅳ. ① F233-49

中国版本图书馆CIP数据核字（2018）第288180号

出纳入门故事书
Chuna Rumen Gushishu

广东旅游出版社出版发行
（广州市环市东路338号银政大厦西楼12楼　邮编：510180）
印刷：廊坊市颖新包装装潢有限公司
（地址：廊坊市安次区码头镇甄庄村）
广东旅游出版社图书网
www.tourpress.cn
邮购地址：广州市环市东路338号银政大厦西楼12楼
联系电话：020-87347732　邮编：510180
787毫米×1092毫米　16开　13.5印张　151千字
2019年4月第1版第1次印刷
定价：45.00元

[版权所有　侵权必究]

本书如有错页倒装等质量问题，请直接与印刷厂联系换书。

前 言
preface

出纳,是会计部门的一个组成部分,也是财务工作最基础的部分。出纳主要负责企业现金和银行存款的收入与支出以及其他相关工作。在企业经营活动中,出纳起着举足轻重的作用。一个合格的出纳,对提高整个会计部门的工作质量及工作效率起着积极的作用。

对一个出纳新人而言,在自己的职责和权限范围内,应该具备怎样的基本素养和职业技能?在工作的过程中,应该具备怎样的基本会计知识?面对每天进进出出的货币资金,应该如何管理?针对工商、税务及社保方面的琐碎事情,应该如何处理……这一切,出纳人员都必须清清楚楚。

通常,在人们的印象中,出纳好像只是与钱有关。很多出纳也把自己变成了一台跑腿打杂的"出纳机器",他们认为只要不出错、不丢钱，每天"跑跑银行，记记账"就是出纳的全部工作了。然而，当今社会的飞速发展也促使各行各业从业人员不断追求更高的层次。用人单位对善于"三分动手、七分动脑"的复合型出纳人才的需求越发迫切，而"跑腿打杂型"的出纳越来越难以适应职业发展的要求，正在逐渐被时代淘汰。

为帮助出纳新人更好地入职和晋升，有序做好出纳工作，本书总结了各种出纳业务的实训，将出纳必知的工作项目进行分类，并详细列出了工作规范和标准。通过财校校花刘美美的出纳成长历程，以做任务的形式将出纳会遇到的具体工作一一列举，同时附以大量支票、发票等实物单据，便于读者参照本书进行自学自练。

本书共分10章，内容包含：出纳的工作内容和工作流程、现金管理、银行业务、支票的使用、发票管理、往来款项、预支与报销、工资与保险、风险规避等。其中税务的申报是以北京的网上操作系统为例，具有普遍性，但是根据各地方政策的不同，具体操作可能会有细微差别。

本书专业性强，浅显易懂，内容全面，能够让您看完书后，对出纳这个职业有深刻的认识，并助您快速进入出纳这个角色，胜任出纳工作。

预祝您早日成为优秀出纳！

姜艳玲

目 录
contents

PART
第1篇　从零开始，初识出纳

第1章　我是如何找到出纳这份工作的
工作难找→ 5
出纳来到我身边→ 8

第2章　出纳到底做什么
出纳的工作内容→ 11
出纳工作的交接→ 15
熟悉出纳的工作流程→ 18

PART

第2篇 勤学苦练，掌握出纳基本功

第3章 与金钱朝夕相处——现金管理

现金的收支怎样对待→ 31

怎样看待坐支→ 38

毫不客气清查现金→ 40

现金的日清月结→ 42

现金的进出登记→ 44

第4章 勤跑腿多干活——银行业务

先在银行开个户→ 49

存款进出有登记→ 52

回单丢失怎么办→ 54

贴现办理有方法→ 54

操作银行存款电子支付密码器→ 59

先查账后编表→ 62

资金不够去贷款→ 66

PART

第3篇 熟练操作，提升出纳业务水平

第5章 胆大心细有条理——支票的使用

购买支票→ 77

我给支票来填空→ 82

支票的挂失办理→92
用支票付款取现→94
遇到空头支票怎么办→98

第6章 小心驶得万年船——发票管理

我来鉴别发票真伪→104
发票来头有问题→105
买卖物品开发票→109
学习发票的验旧购新→117
我做发票的进项税抵扣→122
发票在认证前不慎丢失→124
开出的发票被退回→127
使用发票销货清单→132

第7章 会计操作心向往——往来款项

赊销欠款归它管→137
填制往来款的原始凭证→143
往来款的明细登记→147

第8章 财政大权我担当——预支和报销

预支和报销→153
备用金制度帮大忙→158
原始凭证遗失→163
午餐费、住宿费和招待费→165

PART
第4篇　更上层楼，做个全能出纳

第9章 民生大计心有数——工资与保险
工资核算我负责 → 175
我跑五险一金 → 183

第10章 公司大事我来忙——风险规避
加开分公司 → 193
相关税务我申报 → 196
我办年检 → 205

尾　声 → 206

PART

第 1 篇

从零开始，初识出纳

第 1 章

我是如何找到出纳这份工作的

本章知识点

出纳员是企业中负责现金收支的职员,与中国古代账房及掌柜近似,在现代也有收银员等称谓。

第 1 章
我是如何找到出纳这份工作的

刘美美，某财校校花。她在学校里是高高在上的骄傲公主，可她不是花瓶，美美的专业课几乎门门优秀，是老师眼中的好学生，家长眼中的佼佼女。刚刚毕业有点自负的她，梦想有一天能够成为财务总监，可由于没有工作经验，求职路上处处碰壁，希望也一个个落空。美美要怎样才能被社会认可，一步步走出自己的路呢？让我们跟随她的脚步一看究竟吧。

工作难找

美美推开房门看见外面下起了蒙蒙细雨。在那飘飘洒洒的雨中，美美仿佛看到自己得心应手地处理着各种会计工作。不一会儿，雨停了，刚刚还在低泣的天空露出了笑脸，阳光照射着大地，天空中渐渐出现了彩虹，美美感觉今天的草格外绿，路边的花也开得正香。

伴随着希望与梦想走完大学生涯的美美手中紧握着毕业证，心中遐想着自己的美好未来：我有大学毕业证、会计从业资格证，应该能找个好单位做会计工作，说不定有一天能当上财务总监，我应该去哪儿找工作呢？听说北京的会计工作挺好找，一个月工资最少也得三四千吧，扣除吃穿用住，怎么也能剩 1000 元，一个月给爸妈寄回 500 元……这样一边走一边想，美美踏上了开往北京的列车，开始了北漂之旅。

美美从火车站出来后，找了个旅馆住了下来，迫不及待地去附近网吧搜索会计招聘启事，把自己事先准备好的简历一一投了过去，接下来就是等消息了。等了两天，一个招聘电话也没有，上网查邮箱也没有通知去面试的邮件。美美并不着急，心想好事多磨，哪儿那么容易找到工作呢。于是美美扩大范围，投简历时把市郊的公司也包含进去，同时又在招聘网站发布了求职信息。

第二天，美美一边等消息，一边去人才市场碰碰运气。在人才市场，美美看到每个招聘展位前都排了长长的队伍，一天下来，她也就投出了三份简历，没有应聘成功。一连几天，美美都泡在人才市场，心情一天比一天低落。

这天，美美低着头出了大厅，这些天和她一起应聘的女孩过来跟她打招呼，美美快步走了过去。

"你找到工作了吗？"美美问。

"哎，还没。你呢？"女孩摇摇头。

"我也是。"美美也沮丧地说。

"你在哪儿住？"女孩又问。

"我住建安旅馆，你呢？"美美也问。

"我在五环一个小区租了一间地下室，就放两张床，前些天我的室友回家乡发展去了，现在就我一个人，要不你和我一起住吧！"女孩显得很热情。

美美心想自己一个人也没个伴儿，旅馆也贵，这个女孩和自己也投脾气，就答应了下来。

"好啊，正愁没伴儿呢。今天能住吗，我去取行李？"美美是个行动派，说干就干。

"没问题，我和你一起去吧。"两个女孩立马成了好朋友。

两人一块儿去美美的住处取了行李然后去了出租屋。第二天两人又一起去了人才市场，晚上去了附近网吧继续网上投简历应聘。日子就这样一天天过去，这期间美美也接到过几个电话，对方一听说美美刚毕业没有工作经验，工资就定得非常低，试用期 1000 元一个月。美美心想：这样还不如去超市当收银员，但是堂堂的大学毕业生，学习了四年的会计，怎么也不能做收银员吧。美美没有答应，继续自己的应聘之路。

半个月不知不觉过去了，美美带的钱已所剩不多，心里就有点着急了。室友应聘了一份收银员的工作，她家里条件不好，就先找份工作干着。又过了几天，美美看着室友早出晚归地忙着，自己心里也不平衡了，晚上躺在被窝里，想着自己这些天的应聘经历，总结了一下被拒的原因，多数是自己没有工作经验，不适合做会计工作。但是美美并没有放弃，继续投简历。

出纳来到我身边

皇天不负有心人,终于有个天成公司给美美打来了电话,通知美美第二天上午9点去面试。

第二天,美美早早起来,梳洗之后挑了一件白色连衣裙,穿上丝袜,扎一个马尾,抹上淡淡的口红,背上小包,按着事先查好的路线,直奔公交车站而去。

打扮清清爽爽的美美显得干净、利落,尤其有了几次面试经验后,美美一点也不紧张了。几个简单的问题后,负责面试的经理对美美说:"你没有会计的工作经验,正好我们缺出纳人员,不如你从出纳工作做起吧。"美美想,既然会计那么难以应聘成功,那就踏踏实实从出纳做起吧,边做边积累经验,总会离自己的梦想更近一步。于是美美表示出纳的工作也愿意接受。

第二天,美美就接到了天成公司的电话。

"工资待遇是一个月2000元,试用期三个月,试用期结束后每个月2500元,公司给缴纳养老保险、失业保险、工伤保险、医疗保险,周六日休息。你看行吗?如果行,明天就来上班。"

"行,我明天几点去报到?"美美爽快地答应了。

"我们8点半上班,你8点半准时到公司,直接去人事部报到就行。具体事宜人事部会安排。"对方继续说。

"好的,我会准时到的。谢谢您。"美美挂掉电话,难以抑制激动的心情,把这个好消息告诉了室友。

第 2 章

出纳到底做什么

本章知识点

出纳是管理货币资金、票据、有价证券进进出出的工作的总称。具体地讲，出纳是按照有关规定和制度，办理本单位的现金收付、银行结算及有关账务，保管库存现金、有价证券、财务印章及有关票据等工作的总称。从广义上讲，只要是票据、货币资金和有价证券的收付、保管、核算，就都属于出纳工作。它既包括各单位会计部门专设出纳机构的各项票据、货币资金、有价证券收付业务处理，票据、货币资金、有价证券的整理和保管，货币资金和有价证券的核算等各项工作，也包括各单位业务部门的货币资金收付、保管等方面的工作。狭义的出纳则仅指各单位会计部门专设出纳岗位或人员的各项工作。

美美怕第一天上班就迟到，给领导留下不好的印象，于是第二天5点就起床了，精心打扮了一下，匆忙吃过早餐，8点就到了公司。顺利办好报到手续，人事部小王领着美美来到财务部。

"雯姐，这是新来的出纳美美。"小王对于雯说。

然后又对美美说："这是财务部于主管。"

"我是于雯，以后你随他们叫我雯姐就行。你接触过出纳工作吗？"雯姐和蔼地笑着问。

"没有。"美美实话实说。

"哦，那你先熟悉一下出纳都负责哪些业务吧。"雯姐对美美说。

出纳的工作内容

"小雪，这是新来的出纳，你好好教教她，明天你俩办理交接。"雯姐指着美美说。

"好嘞,我那边的工作都等急了,可把你盼来了。没事,别紧张,其实出纳工作挺好干的,主要是得细心,我给你具体说说。"小雪连忙走过来亲热地对美美说。

"谢谢雪姐。"美美也冲着小雪点头微笑。

小雪说:"你可以简单记一下,最好准备一个笔记本,第一次接触的事情,把操作流程记下来,防止以后遇到又不会做了。"

【任务1】出纳每天的工作内容。

【行动过程】

出纳,顾名思义,出即支出,纳即收入。出纳工作就是管理现金、银行存款、票据、有价证券收入和支出的一项工作。最常见的出纳日常工作主要有以下几项:

(1)办理现金收付,审核审批单据。

对于现金收付业务,出纳人员要严格按照国家有关现金管理制度的规定,根据稽核人员审核签章的收付款凭证,再进行一次复核,然后办理款项收付。尤其是付款业务,必须经过会计主管人员、总会计师或单位领导审核签章,方可办理。收付款后,要在收付款业务的原始凭证上签章,并加盖"现金收讫""现金付讫"戳记。

(2)办理银行结算,选择最适用的结算方法。

银行结算使用最频繁的是支票,所以出纳人员必须会填写支票。应杜绝签空白支票,对于填写错误的支票,必须在左右两联分别加盖"作废"戳记,并且与存根一起保存。银行付款业务单据填写后要由会计主管签字盖章、单位负责人签字盖章。注意,不允许将银行账户出租、转借给任何单位或个人办理结算。

（3）每天认真序时登记日记账，保证日清月结。

出纳负责的账簿最主要的是现金日记账和银行存款日记账。出纳每天都要根据已经办理完毕的收付款凭证，逐笔序时登记现金和银行存款日记账，如果每本日记账每天业务超过一笔，还要做日合计，并且结出余额。

出纳每天下班前要清点自己掌管的现金，并与现金日记账的余额进行核对，看是否相符，如果不符，要及时查找。对于银行存款，公司如果已开通网上银行，要每天查看网上银行余额，核对是否和银行存款日记账余额相符，及时发现银行已办理的未达账项，去银行取回单据及时入账；如果公司没开通网上银行，出纳要定期去银行取回本公司的单据，及时入账。

月末银行存款日记账要及时与银行对账单核对，编制银行存款余额调节表，使银行存款日记账账面余额与银行对账单上余额调节相符，对于未达账款，要及时查询原因，但是不能用银行存款余额调节表替代原始凭证进行记账。

（4）保管好库存现金、票据、有价证券和相关印章。

库存现金、票据和有价证券流通性非常强，所以一定要确保其安全和完整无缺。库存现金更是重中之重，要注意库存现金不得超过银行核定的限额，超过部分当天下班前要及时存入银行；不得"坐支"现金，收入款项也要及时存入银行；不得以"白条"抵充现金，更不得任意挪用现金；如果发现库存现金有短缺或盈余，应查明原因，根据情况分别处理，不得私下取走或补足，如有短缺，出纳要负责赔偿，不能用他日之长款弥补今日之短款；要保守保险柜密码，保管好钥匙，不得任意转交他人，现金、票据、有价证券和支票用章都要放入保险柜保存；出纳人员所管的印章有现金收讫、现金付讫、发票专用章，财务专用章和法定代表人章不能全部交由出纳保管，如果两个章都在一个人手中，出现资金事故，会分不清责任；对于空白收据和空白支票必须严格管理，专设支票登记簿登记支票购入、使用、作废情况，认真办理领用注销手续。

（5）办理往来结算，建立清算制度，防止坏账发生。

现金结算业务主要包括：企业与内部核算单位和职工之间的款项结算，企业与外部单位不能办理转账手续的款项结算和个人之间的款项结算，低于结算起点1000元的小额款项结算，根据规定可以用于其他方面的结算。

应收及预付款项业务主要包括：购销业务欠款及预收预付款项，公司内部职工借款和部门备用金，以上业务以外的各种应收、暂付款项。购销业务欠款要根据合同要求及时清算；对于购销业务以外的各种应收、暂付款项要及时催收结算，应付、暂收款项，要抓紧清偿；对于预借的差旅费，要督促及时办理报销手续，收回余额，不得拖欠，不准挪用；对购销业务以外的暂收、暂付、应收、应付、备用金等债权债务及往来款项，要建立清算手续制度，加强管理，及时清算，年终要抄列清单，并向领导或有关部门报告。

（6）及时进行工资核算，按时发放工资，并按工资及时做好保险缴纳工作。

根据考勤记录，月末及时做出工资表，并把代扣款项，如个人所得税、养老保险、失业保险、医疗保险、住房公积金等做入工资表中。根据实发工资数，及时提取现金并发放，需要注意的是，发放工资时，必须由领取人签名后再付款，或者委托银行代发。每月初及时申报缴纳上月个人所得税、本月各种保险。

"具体怎么操作,等发生业务时再具体体会。都记下了吗?"小雪问。

"嗯,记下了。"美美连忙点头。

"好,那我们明天就交接吧。今天你先看看,我先把今天的账记完,把该交给你的东西整理一下。"看见美美没什么疑问,小雪说。

"好的。"美美点点头。

出纳工作的交接

早晨,美美怀着紧张、激动又忐忑的心情早早来到公司,到了财务室。看到大家还没到,美美就站在门口等,看着在打扫卫生的阿姨,想起家中的妈妈,美美在心中默默为自己鼓劲:妈妈,为我祝福吧,我一定好好干,我一定能干好。

不一会儿,雯姐和小雪都来了,美美和她们一起走进办公室。

"都准备好了吗?"雯姐问。

美美点点头,雯姐接着说:"美美,小雪,那你们就进行交接吧,我监交。"

美美和小雪交接只要雯姐在场就能进行。

根据《会计基础工作规范》第二十八条:会计人员办理交接手续,必须有监交人负责监交。一般会计人员交接,由单位会计机构负责人、会计主管人员负责监交;会计机构负责人、会计主管人员交接,由单位领导人负责监交,必要时可由上级主管部门派人会同监交。

因为出纳属于一般会计人员，出纳工作进行交接，由会计主管进行监交就可以了，所以小雪和美美的工作交接，由会计主管雯姐负责监交就可以了。

小雪首先打开保险柜，拿出里面的现金、空白支票和一张出纳交接清单，递给美美，示意美美看交接清单（如图2-1所示）。

美美看完清单有点茫然，不知所措地看向雯姐，雯姐笑着说："丫头，照着清单上所列，查点物品吧，这个你能看懂吧？"

看到雯姐的微笑，美美心里很温暖，毕竟自己是第一次参加工作，什么都不懂。雯姐鼓励的眼神，让美美的心沉淀下来。美美按照清单顺序，首先拿过现金进行了清点，和清单对照之后确认金额完全一样，又拿过现金日记账，查看了一下余额，也是一致的，而且小雪已经在最后余额处盖上了王小雪名章（代表盖章处及以前的业务归王小雪负责，以后的业务归美美负责）。

"对不？"小雪问。

"对。"美美回答。

"那就先把现金放入保险柜里吧。"小雪说。

美美把现金放入了保险柜，接着看第二项，银行存款。"这个在哪呢？怎么看？"美美心想。还没等美美问，小雪说："这个一会儿我领你去银行查，顺便把你介绍给银行工作人员，让他们认识一下你，方便你以后办业务。"

出纳工作交接清单

因原出纳员王小雪工作调动,财务部已决定将出纳工作移交给刘美美接管。现办理如下交接:

(一)交接日期

2014年8月4日

(二)具体业务的移交

1. 库存现金:8月4日账面余额1230.10元,与实存数相符,现金日记账7月末余额与总账相符;

2. 银行存款账面余额3698512.24元,经查银行存款工行账户余额为3698512.24元,核对相符。

(三)移交的会计凭证、账簿、文件

1. 2014年现金日记账一本;

2. 2014年银行存款日记账一本;

3. 空白转账支票22张(0523654号至0523675号);

4. 支票登记簿一本;

5. 备查账簿一本,其中有短期借款、租出固定资产、租入固定资产和银行承兑汇票备查账;

6. 2014年1月至7月银行对账单7张;

7. 收据一本,50组,已经使用24组,未使用的号码为0020125号至0020150号;

8. 保险柜钥匙两把及密码牌,柜子钥匙两把,办公室保险门钥匙一把;

9. 中国农业银行重要空白凭证领用单1本,中国工商银行收费凭条1本。

(四)印鉴

1. 转讫印章一枚;

2. 现金收讫印章一枚;

3. 现金付讫印章一枚。

(五)交接前后工作责任的划分:2014年8月4日前的出纳责任事项由王小雪负责;2014年8月4日起的出纳工作由刘美美负责。以上移交事项均经交接双方认定无误。

(六)本交接书一式三份,双方各执一份,存档一份。

移交人:王小雪 接交人:刘美美 监交人:于雯

天成公司财务部

2014年8月4日

图2-1 出纳工作交接清单

接着美美和小雪把剩下的物品一一清点，把空白支票放入了保险柜，其余物品放入柜子里。小雪把保险柜的使用方法教给了美美，之后又带美美去了一趟银行，熟悉了一下开户银行的具体位置和业务人员。回来后，小雪又嘱咐美美一些日常业务注意事项，小雪在移交人处签字，美美在接交人处签字，雯姐在监交人处签字，交接工作圆满完成。

"以后办理业务就归你了，有什么不懂的地方给我打电话。雯姐业务最精通，你刚接触这些，遇事多问问雯姐，不要擅自做主。出纳工作其实不难，细心就行。"小雪说。

"好的，谢谢雪姐，以后可能还要麻烦你的。"美美感激地对小雪笑笑。

熟悉出纳的工作流程

送走小雪后，美美回到财务室，心里回想着小雪和雯姐的叮嘱，出纳工作的简略流程出现在了她脑海中。为了避免以后遗忘某些内容，美美赶紧拿出笔记本进行了整理。

1. 库存现金收、付的流程

（1）收取现金流程。

根据需要收取现金的业务开具收据（一式三联垫复写纸书写）

并收款→检查收据开具的金额的正确性，主要看大小写是否一致、经济业务内容是否正确，出纳、付款人在收据上（三联一起）签字并在收据第二三联上加盖财务专用章，将收据第二联（收据联）给交款人并在第三联（记账联）上盖上"现金收讫"章→填写记账凭证（一般只写涉及的现金科目及数额）并根据记账凭证登记现金日记账→将收据"记账联"与记账凭证（用曲别针或大头针别在一起）交给会计填写完整记账凭证，如图2-2所示。

```
┌─────────────────────┐
│   开具收据并收款    │
└──────────┬──────────┘
           ↓
┌─────────────────────┐
│ 清点现金，复核收款凭据 │
└──────────┬──────────┘
           ↓
┌─────────────────────┐
│ 收款人（出纳）、付款人签字， │
│  盖财务专用章和现金收讫章  │
└──────────┬──────────┘
           ↓
┌─────────────────────┐
│ 填写记账凭证，登记现金日记账 │
└──────────┬──────────┘
           ↓
┌─────────────────────┐
│   把相关凭证传给会计   │
└─────────────────────┘
```

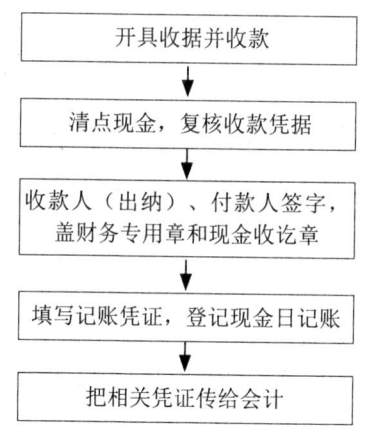

图2-2 收取现金流程

> **注意**
>
> 原则上只有收到"现金"才开具收据，但是有的单位要求在收到银行存款时也要开具收据，这时收据上要注明结算方式。比如，收到转账支票的，在说明处写明转账支票结算，票号是0011256。有的收据本身印着结算方式：现金和转账。选择相应结算方式打钩，并填上票号。然后在收据第三联（记账联）上加盖"转账"图章和财务专用章，并在票据传递登记本上登记后传给相应会计人员。

（2）支付现金流程。

①费用报销流程。

审核现金付款原始凭证（包括金额大小写是否一致，数量乘以单价和金额是否相等，付款单位名称正确与否，开票人是否签章，发票上发票专用章或收据上财务专用章是否齐全，单位负责人是否签字同意支付，会计主管是否审核签字）→领款人在发票或收据上签字→依据发票或收据金额付款（付款时要把现金从两个方向分别清点一遍，即要清点两遍现金）并在原始凭证上加盖"现金付讫"章→填写记账凭证（一般只写涉及的现金科目及数额）并根据记账凭证登记现金日记账→将付款原始凭证与记账凭证（用曲别针或大头针别在一起）传给会计填写完整记账凭证，如图2-3所示。

```
┌──────────────┐
│  审核原始凭证  │
└──────┬───────┘
       ↓
┌──────────────┐
│  领款人签字    │
└──────┬───────┘
       ↓
┌──────────────────────┐
│  依据票据付款，        │
│  在原始凭证上盖现金付讫章 │
└──────┬───────────────┘
       ↓
┌──────────────────────┐
│  填写记账凭证，登记现金日记账 │
└──────┬───────────────┘
       ↓
┌──────────────────────┐
│  把相关凭证传给会计    │
└──────────────────────┘
```

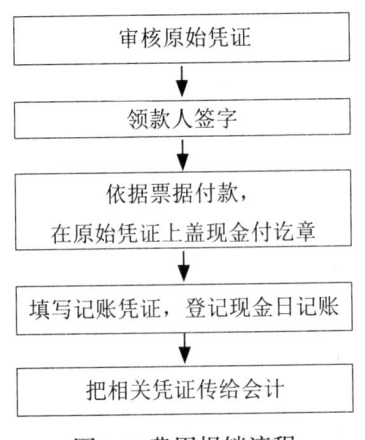

图2-3 费用报销流程

②人工费、福利费发放。

凭单位负责人和会计主管签字并同意支付的工资表或福利费发放表付款，领款人要在原始凭证上签名→在原始凭证上加盖现金付讫图章→根据工资表或福利费发放表填写记账凭证（一般只写涉及的现金科目及数额）并登记现金日记账→将付款原始凭证与记账凭证（用曲别针或大头针别在一起）传给会计填写完整记账凭证，如图2-4所示。

```
┌─────────────────────────┐
│ 根据付款原始凭证付款，   │
│      领款人签字         │
└───────────┬─────────────┘
            ↓
┌─────────────────────────┐
│  在原始凭证上盖现金付讫章 │
└───────────┬─────────────┘
            ↓
┌─────────────────────────┐
│ 填写记账凭证，登记现金日记账 │
└───────────┬─────────────┘
            ↓
┌─────────────────────────┐
│    把相关凭证传给会计    │
└─────────────────────────┘
```

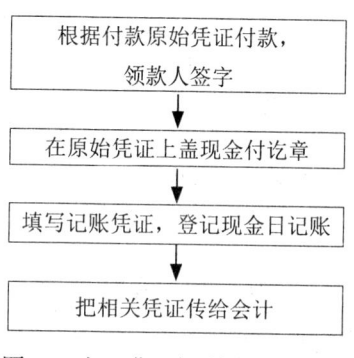

图2-4 人工费、福利费发放流程

（3）现金的存取及保管。

每天上班后按用款计划开具现金支票提取现金（现金够用时不用提取）→安全妥善保管现金、准确支付现金（不允许坐支）→下午下班前及时盘点现金，据此填写"现金缴款单"（最好留有去银行存款的时间）→将本日收入的现金及超过库存现金限额的部分送存银行→根据审核无误的收付款凭证和现金缴纳单等，填写记账凭证，登记现金日记账→把单据和凭证传给会计填写完整的记账凭证，如图2-5所示。

```
填写现金支票支取现金
        ↓
妥善保管现金，准确支付现金
        ↓
盘点现金，填写现金缴款单
        ↓
将超过库存现金限额部分存入银行
        ↓
根据相关单据填写记账凭证
登记现金日记账
        ↓
把相关凭证传给会计
```

图2-5 现金的存取及保管流程

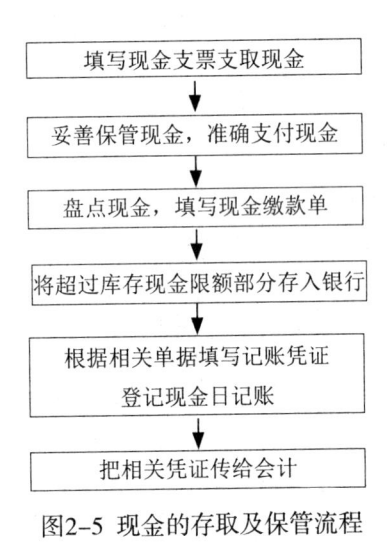

> **注意**
>
> 当天下班，现金库存数额应在库存现金限额内。
>
> 从银行提取现金以及将现金送存银行时最好有人跟随，注意保密，确保资金安全。

（4）管理现金日记账，做到日清月结。

2．银行存款收付流程

（1）收到银行存款。

①收到转账支票、银行本票或银行汇票。

核查后填写进账单→找会计主管和单位负责人在相应票据后盖财务专用章和"法定代表人章"背书→盖章后的支票、银行本票或银行汇票连同进账单一起送去银行并从银行拿回进账单回单

→据进账单回单编制记账凭证（一般只写涉及的银行存款科目及数额）并登记银行存款日记账→把回单及记账凭证传给会计填写完整记账凭证，如图2-6所示。

```
┌─────────────────────────┐
│  审核相关票据并填写进账单  │
└─────────────────────────┘
            ↓
┌─────────────────────────┐
│  在转账支票等票据背面      │
│  加盖财务专用章和法定代表人章 │
└─────────────────────────┘
            ↓
┌─────────────────────────┐
│  进账单连同票据一起送存银行，│
│  拿回进账回单             │
└─────────────────────────┘
            ↓
┌─────────────────────────┐
│  据进账回单编制记账凭证，   │
│  登记银行存款日记账        │
└─────────────────────────┘
            ↓
┌─────────────────────────┐
│  把相关凭证传给会计        │
└─────────────────────────┘
```

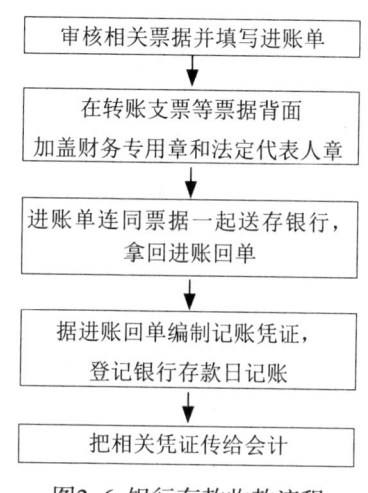

图2-6 银行存款收款流程

②贷款。

根据收到银行贷款放款的通知及款项入账单据编制记账凭证（一般只写涉及的银行存款科目及数额）→登记银行存款日记账→把单据及记账凭证传给会计填写完整记账凭证。

（2）银行存款付款流程。

①日常性业务款项。

对付款审批单进行审核并选择付款方式→开具转账支票（银行汇票或电汇）并加盖财务专用章和法定代表人章→将转账支票、银行汇票存根或电汇凭证回单粘贴到付款审批单上，收款人在原始凭证上签名，在付款审批单上加盖转账图章→编制记账凭证（一般只写涉及的银行存款科目及数额）→登记银行存款日记账→单据及记账凭证传给会计填写完整记账凭证，如图2-7所示。

```
┌─────────────────────────────┐
│ 审核原始凭证，选择付款方式  │
└─────────────────────────────┘
              ↓
┌─────────────────────────────┐
│ 开具转账支票（银行汇票或电汇等）│
│ 并加盖财务专用章和法定代表人章 │
└─────────────────────────────┘
              ↓
┌─────────────────────────────┐
│ 粘贴付款审批单，            │
│ 收款人在原始凭证上签字      │
└─────────────────────────────┘
              ↓
┌─────────────────────────────┐
│ 在付款审批单上加盖转账图章  │
└─────────────────────────────┘
              ↓
┌─────────────────────────────┐
│ 编制记账凭证，登记银行存款日记账 │
└─────────────────────────────┘
              ↓
┌─────────────────────────────┐
│ 把相关凭证传给会计          │
└─────────────────────────────┘
```

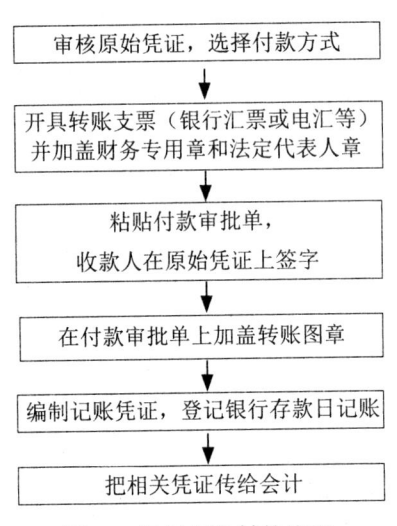

图2-7 银行存款付款流程

> **注意**
>
> 开出的转账支票应填写完整，填写前要看一下账户余额，禁止签发空头支票，禁止签发空白金额、空白收款单位的支票。
>
> 开出的转账支票、银行汇票、电汇的收款单位名称应与合同、发票上单位名称一致。

②还贷及银行结算。

收到银行贷款还款凭证、手续费结算凭证→编制记账凭证（一般只写涉及的银行存款科目及数额）→登记银行存款日记账→单据和记账凭证传给会计填写完整记账凭证。

③缴税。

会计网上申报并缴税后，到银行取得缴税付款凭证→编制记账凭证（一般只写涉及的银行存款科目及数额）→据此登记银行存款日记账→把单据和记账凭证传给会计填写完整记账凭证。

④编制对账单及存款余额调节表。

及时将各银行对账单及未达账项交会计编制银行存款余额调节表，对银行存款余额调节表上未达账项及时进行查询，对企业未达账项及时去银行取得单据，编制记账凭证并及时登记银行存款日记账，银行未达账项督促经办人及时办理。

⑤熟记公司各银行户头单位名称、开户银行名称、银行账号。

美美整理完成后，长长舒了口气，伸了个懒腰，把笔记本放入包中，准备晚上回去后再温习一遍。

PART

第 2 篇

勤学苦练，掌握出纳基本功

第 3 章

与金钱朝夕相处——现金管理

本章知识点

"现金"是指立即可以投入流通的交换媒介。它具有普遍的可接受性，可以有效地购买商品、货物、劳务或偿还债务。它是企业中流通性最强的资产，包括可由企业任意支配使用的纸币、硬币。现金是总账账户余额，在资产负债表中并入货币资金，列为流动资产，但具有专门用途的现金只能作为基金或投资项目列为非流动资产。

第 3 章
与金钱朝夕相处——现金管理

照规矩办事，美美按昨天的生物钟起个大早，刷牙、洗脸、梳头，对着镜子化了一个淡妆，露出甜甜的微笑。从这一刻开始，美美提醒自己说："今天算是正式上班了，我一定要重视这项工作，它是我踏入社会的里程碑，我要多做事少说话，多听多看多学习，向我的目标——财务总监进军，加油！加油！加油！"

"美美，收拾好了吗？"室友急切地问。

"给自己加个油，马上就好。"美美开心地答道。

加油过后，美美充满激情地和室友从地下室上来走向车站，开始了职场新生活……

现金的收支怎样对待

第一天上班就碰上公司每周一次的例会，主持的同事简单的开场白过后，美美作为新同事做了自我介绍，与其他人相互认识。

半个小时例会完毕，散会时经理说："美美，来一下我的办公室。"美美不解地跟着去了。

"美美啊，昨天交接得怎么样，流程都知道了吧？"经理问。

"哦，还好，流程我都熟悉了。"美美赶紧回答。

"嗯，那就好，有什么不懂的地方就问会计，别出差错，这个岗位很重要，昨天我也说过了，大多数时间在与'钱'相处。出纳头上有一把刀，那把刀是什么呢？就是法律，你得小心……"经理嘱咐说。

"好的，经理，您放心吧！我会认真、细心地做好本职工作，遵守职业道德的。"美美坚决表态。

"很好，暂时没什么事了，你去工作吧！"经理看了一眼美美说。

带着一颗受到"惊吓"的心，美美离开了经理办公室，走向财务室开始了一天的工作。

"美美，跟经理谈完事了，怎么不高兴呀？"雯姐很热心地问道。

"没有啦，雯姐，刚才跟经理谈话吓着我了，过一会儿就没事了，嘿嘿！"美美说。

"傻丫头，来，你先看一下公司财务管理制度里的现金管理制度，有不懂的再问我。"雯姐说。

"嗯，好的，谢谢雯姐。"美美感激地说，认真地看了起来。

现金收入的主要来源：单位或职工交回的差旅费剩余款、赔偿款、备用金退回款；收取不能转账的单位或个人的销售收入；不足转账起点（起点为1000元）的小额收入等。

单位现金的去处一般如下：

职工工资、津贴、个人劳务报酬；

各种劳保、福利费用；

国家规定的对个人的其他支出；

出差人员必须随身携带的差旅费；

出差人员回来后的报销补款。

另外，收到的现金要存入银行，还要结算起点以下的零星支出（前款结算起点定为1000元）……

看着看着，"咚、咚……"有人敲门。

"请进。"美美说。

"美美，这是昨天收到的现金，你查一下。"业务员张三进来说。

"好的，我看一下。"美美接过现金。

【任务2】2014年8月5日收到销售部门产品零售收入现金2400元。

【行动过程】

（1）销售部门张三交来销售单（出库单）及现金2400元，出纳人员美美审核了销售单（出库单）。

（2）出纳人员美美当面点清现金，一笔一清，并妥善保管。

（3）出纳人员美美对此开具了收据，收据一般一式三联，一联和二联后面垫复写纸，在第一联上一次书写完成（如图3-1所示），美美签字后交由张三签字，在第二联和第三联上盖上财务专用章，把第二联撕下后交给张三，由销售部门张三交付客户。

（4）出纳人员美美将所开收据第三联记账联盖上现金收讫章撕下，连同销售部门张三交来的销售单（出库单），填写记账凭证日期、摘要、借方科目"库存现金"、金额和"附件2张"。

（5）根据记账凭证，登记现金日记账。

（6）将销售单、收据记账联和记账凭证一同交由会计进行账务处理。

收 据

2014年8月5日　　　　　　　　　　　　　　　№0020118

今收到　　销售员张三	
交　来　　现金收入	现金收讫
人民币（大写）贰仟肆佰元整　　　　￥2400.00	
备　注　　交现金	
收款单位盖章（财务专用章）　　收款人：刘美美　　交款人：张三	

第二联 交客户

图3-1 收据

后三步也可以这样操作：

出纳人员美美将所开收据第三联记账联撕下，根据销售部门张三交来的收款依据和发票记账联填写"收入凭单"（如图3-2所示），在收入凭单上加盖现金收讫印章并签名（采用这种做法，收据上就不用加盖现金收讫章了）。

根据收入凭单，登记现金日记账。

将收入凭单及所附单据交由会计进行账务处理。

收入凭单

2014年8月5日　　　　　　　　　　　　　第18号

兹　　　由　天成公司

收　　　到　销售员交来现金收入　　现金收讫

计人民币　贰仟肆佰元整　　　　￥ 2400.00

缴款人：张三　　会计主管人员　　　出纳员收讫　刘美美

附单据 2 张

图3-2　收入凭单

"咚、咚……"又有人敲门。

"请进！"

"美美，东西送来了，你结一下款吧。"采购部的赵四说。

"哦，那好，我看看。"美美接过来。

【任务3】2014年8月5日采购部门赵四订购了一些办公用品，共计款项659.32元。

【行动过程】

（1）赵四到财务部门领取、填写"报销单据粘贴单"，将订购办公用品的单据粘贴在报销单据粘贴单上（如图 3-3 所示）；贴好后，填写"支出凭单"（如图 3-4 所示）；将填好的支出凭单粘贴在报销单据粘贴单上面（粘贴在报销单据粘贴单上的所有单据作为支出凭单的附件）。

（2）采购部门赵四的"支出凭单"需经过以下审批过程：

交给采购部门主管王一审核并签名→交会计主管于零核定其费用与金额并签名→上交公司主管领导马六审批并签名→交出纳审核并付款。

（3）通过出纳人员美美审核的支出凭单，审核附件及凭单上各部门主管都已签名，确认付款依据和金额。审核无误后，支付659.32元给采购部门赵四，并当面点清现金，一笔一清，再由赵四在支出凭单的领款人处签名确认。

（4）出纳人员美美在支出凭单上加盖现金付讫印章并签名。

（5）根据支出凭单，登记现金日记账。

（6）将支出凭单交由会计进行账务处理。

报销单据粘贴单

金额： 659.32 单据： 1 张

品名	规格	单位	数量	单价	万	千	百	十	元	角	分	备注
办公用品		套	4	164.83			6	5	9	3	2	
		合计			¥		6	5	9	3	2	
合计金额（大写）⊗仟陆佰伍拾玖元叁角贰分												
填票人：王艳	收款人：			单位名称（盖章）								

商品销售统一发票 发票联 No.129
客户名称及地址：天成公司 2014年5月2日填制

说明：
1、粘贴单据时从左至右，先粘大张的后粘小张，票面金额相同的粘在一起
2、把发票纸张大小相同，票面金额相同的粘在一起
3、薄纸发票只粘贴在单据左方的票头，以粘牢为妥

装订线 第二联 发票联

图3-3 报销单据粘贴单

支出凭单

2014年8月5日　　　　　第5号

即　付　采购部门订购办公用品款

现金付讫

计人民币　陆佰伍拾玖元叁角贰分　　￥ 659.32

领款人：赵四　　主管审批：马六

附单据1张

会计主管　于雯　　出纳　刘美美　　审核　王一

图3-4 支出凭单

如果只有一张单据，相关责任人也可在单据上直接签字，出纳付款后在单据上加盖现金付讫章，据审核后的单据出纳直接填写记账凭证（同现金收款第一种情况），据记账凭证登记现金日记账。

> **注意**
>
> 在现金收支工作中还应该做到：
> （1）不准"白条顶库"，即不能用不符合财务制度的凭证抵顶库存现金；
> （2）不准"公款私存"，即不能将单位收入的现金以个人名义储蓄；
> （3）不准设置"小金库"，不准保留账外公款；
> （4）不准谎报用途套取现金；
> （5）不准用银行账户代其他单位和个人存取现金。
> 对违反上述规定的单位，银行将按照违规金额的一定比例予以处罚。另外，内部审计人员要定期或不定期地核查库存现金。

美美嘟囔着："哎，上午的时间过得这么快，都快中午12点了，该吃饭了。"

怎样看待坐支

美美吃完了午饭，回到工作岗位，想起购买办公用品时支付了几百块钱，要是一会儿有几千块钱的付款怎么办？正想着……

"美美呀，中午订购了一批货物，结一下账吧。"采购部的赵四说。

"又是什么呀，我看看，啊！2300元，不是吧，猜中了……"美美无奈地说。

美美按照之前的步骤操作，不过第（3）步时用的是销售员交来的零售现金收入来支付此笔费用，当面清点现金，同时在支出凭单上加盖现金付讫印鉴，交由会计做账。

美美的处理不正确。企业不可以直接将销售收取的现金用于零星业务支出（即"坐支现金"）。

当日收到的现金必须及时送存到开户银行，现金的金额也是有限制的，需要用现金支付的费用必须是从备用金中支出。"备用金"则必须是从开户银行提取，提取时应当如实写明用途，由财务部门负责人签章，经开户银行审核批准后予以支付现金。

根据《中华人民共和国现金管理暂行条例》第十一条的规定：开户单位现金收入应当于当日送存开户银行。当日送存确有困难的，由开户银行确定送存时间；开户单位支付现金，可以从本单位库存现金限额中支付或者从开户银行提取，不得从本单位的现金收入中直接支付（即坐支）。因特殊情况需要坐支现金的，应当事先报经开户银行审查批准，由开户银行核定坐支范围和限额。坐支单位应当定期向开户银行报送坐支金额和使用情况。

> **注意**
>
> 　　此笔业务2300元，超过了1000元的结算起点，本应以支票或者银行本票支付；但也有例外，确实需要全额支付现金的，经开户银行审核后，予以支付现金。
>
> 　　正确处理应该在第（3）步支付办公用品款时使用备用金支付（备用金不够，可去开户银行提取再支付）。

【任务4】将当日收到的现金送存到开户银行。

【行动过程】

（1）整点现金。送款前，出纳人员应将送存现金清点整理，合计出需要缴存的现金金额。

（2）清点完毕并核对无误后，出纳员填写现金缴款单，填写的合计数与需要缴存的现金一致。

（3）向银行提交缴款单和整点好的现金。现金要一次性缴清，当面清点，如有差异，应当面复核。

（4）返回缴款单。开户银行受理核对后盖章，并将回单交存款单位，表示款项已收妥。

（5）根据现金缴款单（图3-5以2400元为例）的回单，编制支出凭单。

（6）根据审核无误的支出凭单登记现金日记账。

（7）将支出凭单交由会计进行账务处理。

中国农业银行 现金缴款单
AGRICULTURAL BANK OF CHINA

2014年8月5日　　　　　　　　　　　序号：0130

客户填写部分	收款人户名	天成公司			
	收款人账号	11021200000000	收款人开户银行	农行创新支行	
	缴款人	刘美美	款项来源	现金收入	
	币种（√）	人民币☑ 外币☐	大写：贰仟肆佰元整	百十万千百十元角分　¥ 2 4 0 0 0 0	
	券别	100元 50元 20元 10元 5元 2元 1元		辅币(金额)	
	张数	20　2　　10　10			

银行电脑打印部分	日期：2014年 8月5日　日志号：2156981　交易号：2579　币种：人民币
	金额：　　　　　　　终端号：9221　主管：　柜员：牟志敏
	现金存入
	温馨提示：本部分内容只能由电脑打印，不能手工填写，请客户留意。

制票：　　　　　　复核：

图3-5 现金缴款单

毫不客气清查现金

一天的时间过得很快，时间到了下午17：30。

"还有30分钟就可以下班了。"美美开心地想着。

"美美呀，今天收了多少钱，付了多少款，有数吗？"雯姐问道。

"哎呀，光想着快下班了，晚上吃什么呢。"美美不好意思地笑笑说。

【任务5】2014年8月5日现金日记账面金额结余2293.81元，

现金实存金额 2293.81 元。

【行动过程】

（1）出纳人员美美在 8 月 5 日当天工作结束前将收支凭单金额与现金日记账进行逐笔对账。

（2）出纳人员美美复查是否有由于重记、漏记或误记而引起的差错。

（3）出纳人员美美清点盘查现金，加计汇总 2293.81 元，与现金日记账账面余额 2293.81 元核对一致。

每天工作结束前必须进行对账，盘点清查现金，每月其他时间也需要组织清查小组进行不定期清查。

采用实地盘点的方法来确定库存现金的实存数，实存现金余额与现金日记账的账面余额核对，以查明账实是否相符。

盘点前，出纳人员美美应先将现金收支凭单、报销单全部登记入账，并结出余额；而后复查是否有由于重记、漏记或误记而引起的差错。

盘点时，出纳人员必须在场。清查过程中不能用不具法律效力的借条、收据充抵库存现金。

盘点后，根据现金盘点结果，编制"现金盘点报告表"（如表 3-1 所示），并由清查小组的监盘人员和出纳人员签名或盖章。

表3-1 现金清查盘点报告表

单位名称　　　　　　年　　月　　日　　　　　　单位：元

现金清点情况			账目核对		
面额	张数	金额	项目	金额	说明
100元			盘点日账户余额		
50元			加：收现未登日记账		
20元			加：		
10元			加：		
5元			加：		
2元			加：		
1元			减：付现未登日记账		
5角			减：		
2角			减：		
1角			减：		
5分			调整后现金余额		
2分			实点现金		
1分			盘盈		
合计			盘亏		
差异分析						

监盘人：　　　　　　　　　　　　出纳员（盘点人）：

现金的日清月结

日子就这么一天天过去，转眼就到了月底。

美美开心地想着："终于月底了，忙完了今天，明天正好周末，可以休息一下了。"

"想什么呢，这么开心？"雯姐问。

"哦，想着明天找朋友出去玩儿一下，吃些好吃的，然后好好休息一下，嘿嘿。"美美乐呵呵地说。

"是吗？别开心得太早啊，也别偷懒存着侥幸心理，虽然平时你不定期做现金清查，但为了慎重，月底结账前咱们还要再清查一次，看有没有遗漏。"雯姐说。

"啊？不用吧，我每天都在检查呀。"美美有些不情愿地说。

"别想了，行动吧。"雯姐不给美美时间发牢骚，先行动起来。

就这样，两人开始了月底大清查。

【任务6】 2014年8月31日月底清查结账，现金短缺256元。

【行动过程】

（1）单据清查：清查各种现金收支凭单、报销单，检查凭单、报销单所填写的内容与所附原始凭证上的内容是否一致；同时检查每张单据是否已经盖齐"收讫""付讫"的戳记。

（2）现金盘点：出纳人员美美和清查人员雯姐分别清点现金，然后汇总得出当日现金的实存数。将盘存得出的实存数和现金日记账余额进行核对，核对结果现金短缺256元。

（3）出纳人员美美核对了当月现金日记账与会计人员登记的现金总账金额，结果显示现金日记账比现金总账多256元。

（4）出纳人员美美查看当月所有的凭单、报销单，看有没有漏记、重记、错记等状况发生。

（5）出纳人员美美查明结果属于现金日记账登记错误，经清查人员核实后应及时更正错账。

（6）清查人员和出纳人员美美查看现金的限额，看盘点出来的现金有没有超过规定限额。结果显示现金没有超过规定限额。

> **注意**
>
> 查明现金出现差额的原因,如果属于出纳人员工作疏忽或业务水平问题,一般应按规定由过失人赔偿。
>
> 查看结果若是实际库存现金低于库存限额,出纳人员应及时补提现金;若是实际库存现金超过规定库存限额,则出纳人员应将超额现金及时送存银行。

做完这些工作,也到了下班的时间,美美安心回家享受她的快乐周末……

现金的进出登记

美美在收支任务中都碰到一个步骤,就是根据核对无误的收支凭单(或记账凭证)登记现金日记账,具体应该怎么登记呢?

【任务7】根据已核对无误的经济业务登记2014年8月5日现金日记账。

【行动过程】

(1)按照经济业务的收入凭单(或记账凭证)上的日期填写"日期"栏。

(2)按照会计已做账的记账凭证编号填写了"凭证编号"栏。

(3)"摘要"栏简要填写入账的经济业务内容,力求简明扼要(据记账凭证登记日记账的摘要和记账凭证上的项目相同）。

（4）按照收入凭单或记账凭证借方金额填写"借方金额"栏；按照支出凭单或记账凭证贷方金额填写"贷方金额"栏。

（5）计算填写"结余"栏。根据"本行余额＝上行余额＋本行借方（收入）－本行贷方（付出）"公式计算。

（6）每日终了，做"本日合计"，计算出本日借方合计、本日贷方合计和本日余额（根据"本日余额＝上日余额＋本日借方合计－本日贷方合计"计算）。本日合计行计算出来的余额如果和最后一笔业务后余额相等，表示日结正确，并在本日合计下划通栏单红线，如图3-6中8月5日本日合计栏下面红线表示日结结束；如果本日只有一笔业务的，如图3-6中8月4日编号1的业务，在本笔业务下划通栏单红线即可，不用再做"本日合计"。红线已加粗表示，后文同。

现金日记账

2014年		记账凭证		摘要	对方科目	收入	付出	结余
月	日	种类	编号					
6	5			承前页		40000.00	45687.35	2104.32
				以上业务略				5230.10
7	31			本年累计		50 000.00	51 020.32	5230.10
8	4	记	1	支付招待费	管理费用		4000.00	1230.10
8	5	记	2	支取现金	银行存款	4023.03		5253.13
8	5	记	3	张三交来现金收入	主营业务收入	2400.00		7653.13
8	5	记	4	采购部购办公用品	管理费用		659.32	6993.81
8	5	记	5	采购部购劳保用品	管理费用		2300.00	4693.81
8	5	记	6	现金存入银行	银行存款		2400.00	2293.81
8	5			本日合计		6423.03	5359.32	2293.81

图3-6 现金日记账

正常情况下库存现金不允许出现贷方余额，若在登记现金日记账过程中，由于记账顺序等特殊原因出现了贷方余额，则在余额栏用红字登记。

> **注意**
>
> 更正现金日记账登记错误最常用的方法是划线更正法。
>
> 首先在错误的数字（要求数字要写到分位，如果没写完就发现错误，也要把数字补全到分位，因为数字错误的，划线时要从数字开始位置划到分位后结束）或错误文字上面划一条红线予以注销。
>
> 然后将正确的数字或文字填写在被注销的数字或文字的上方，并由更正人员盖章，以明确责任。
>
> 数字错误的，不得只划线更正其中个别数字，如2000.00错记成2300.00，不能只划3，要把2300.00划掉，在上面书写2000.00。

第 4 章

勤跑腿多干活——银行业务

本章知识点

"银行存款"是指企业存放在银行和其他金融机构的货币资金。按照国家现金管理和结算制度的规定，每个企业都要在银行开立账户，称为结算户，用来办理存款、取款和转账结算。

存款人以单位名称开立的银行结算账户为单位银行结算账户。单位银行结算账户按用途分为基本存款账户、一般存款账户、专用存款账户、临时存款账户、异地结算账户。

第 4 章

勤跑腿多干活——银行业务

新的一个月又开始了,美美照旧每天上班下班,休息,娱乐,日子在忙忙碌碌中度过。

先在银行开个户

工作中,美美遇到的麻烦不断,但她又积极进取,努力学习。

"美美,咱们要再开个户,你抽空去银行咨询一下,看都需要什么。"雯姐说。

1. 开立银行基本存款账户

基本存款账户是存款人因办理日常转账结算和现金收付需要而开立的银行结算账户。下列存款人,可以申请开立基本存款账户:

(1)企业法人。

（2）非法人企业。

（3）机关、事业单位。

（4）团级（含）以上军队、武警部队及分散执勤的支（分）队。

（5）社会团体。

（6）民办非企业组织。

（7）异地常设机构。

（8）外国驻华机构。

（9）个体工商户。

（10）居民委员会、村民委员会、社区委员会。

（11）单位设立的独立核算的附属机构。

（12）其他组织。

存款人申请开立基本存款账户，应向银行出具下列证明文件：

（1）企业法人，应出具企业法人营业执照正本。

（2）非法人企业，应出具企业营业执照正本。

（3）机关和实行预算管理的事业单位，应出具政府人事部门或编制委员会的批文或登记证书和财政部门同意其开户的证明；非预算管理的事业单位，应出具政府人事部门或编制委员会的批文或登记证书。

（4）军队、武警团级（含）以上单位以及分散执勤的支（分）队，应出具军队军级以上单位财务部门、武警总队财务部门的开户证明。

（5）社会团体，应出具社会团体登记证书，宗教组织还应出具宗教事务管理部门的批文或证明。

（6）民办非企业组织，应出具民办非企业登记证书。

（7）异地常设机构，应出具其驻地政府主管部门的批文。

（8）外国驻华机构，应出具国家有关主管部门的批文或证明；

外资企业驻华代表处、办事处应出具国家登记机关颁发的登记证。

（9）个体工商户，应出具个体工商户营业执照正本。

（10）居民委员会、村民委员会、社区委员会，应出具其主管部门的批文或证明。

（11）独立核算的附属机构，应出具其主管部门的基本存款账户开户登记证和批文。

（12）其他组织，应出具政府主管部门的批文或证明。

> **注意**
>
> 存款人为从事生产、经营活动纳税人的，还应出具税务部门颁发的税务登记证。根据国家有关规定无法取得税务登记证的，可不出具。
>
> 此内容为2015年5月实行标准，具体业务以当地网点的公告与规定为准。

2.其他种类的单位结算账户

单位结算账户分为：基本存款账户、一般存款账户、临时存款账户、专用存款账户、异地结算账户。

一般存款账户是指企业在基本存款账户以外的银行借款转存、与基本存款账户的企业不在同一地点的附属非独立核算单位开立的账户，本账户可以办理转账结算和现金缴存，但不能提取现金。

临时存款账户是指企业因临时生产经营活动的需要而开立的账户，本账户既可以办理转账结算，又可以根据现金管理规定存取现金，但使用时间较短。

专用存款账户是指企业因特定用途需要所开立的账户。

异地结算账户是指企业符合法定条件，根据需要在异地开立相应的银行结算账户。

注意

企业一般存款账户不能和基本存款户在同一银行开户。

企业的银行存款账户只能用来办理本单位的生产经营业务活动的结算，不得出租和出借账户。

存款进出有登记

咨询完银行开户的事情后，美美转身要离开。

"叮铃铃……"，美美拿出手机一看，是座机号码。

"喂，您好！"美美说。

"请问，您是天成公司的出纳刘美美吗？"对方问。

"是的，请问您有什么事？"美美说。

"您公司的业务回单到了，什么时候方便请来银行取一下。"对方说。

"哦，我现在就在银行呢，我马上来拿！"美美说。

美美取完回单就回到了公司。

【任务8】取回2014年8月5日回单5张，对其编制凭单并登记银行存款日记账。

【行动过程】

出纳人员美美按步骤填写了收入、支出凭单（或填制记账凭证），并登记了银行存款日记账（如图 4-1 所示）。

银行存款日记账

2014年		记账凭证		摘要	票据种类		收入	付出	结余
月	日	种类	编号		种类	号数			
7	30			承前页			180000.00	560000.00	3698512.24
7	31			本月合计			80000.00	180000.00	3698512.24
7	31			本年累计			180000.00	560000.00	3698512.24
8	5	记	2	支取现金	现支	0015		4023.03	3694489.21
8	5	记	6	现金存入			2400.00		3696889.21
8	5	记	7	收大力公司货款			50000.00		3746889.21
8	5	记	8	缴纳7月份增值税				10512.20	3736377.01
8	5	记	9	缴纳7月份地税税款				1163.32	3735213.69
8	5			本日合计			52400.00	15698.55	3735213.69

图4-1 银行存款日记账

（1）按照经济业务的收入、支出凭单上的日期填写"日期"栏。

（2）按照会计已做账的记账凭证编号填写"编号"栏。

（3）按照入账的经济业务内容或记账凭证上的摘要内容填写"摘要"栏。

（4）按照收入凭单或记账凭证借方金额填写"收入"栏；按照支出凭单或记账凭证贷方金额填写"付出"栏。

（5）计算填写了"结余"栏（根据"本行余额＝上行余额＋本行借方－本行贷方"公式计算）。

（6）本日终了，结计本日合计（本日借、贷方发生额合计及余额，方法同现金日记账），并在本日合计下划通栏单红线,如图 4-1 最下面 8 月 5 日本日合计栏划红线。

回单丢失怎么办

"咦,刚才明明拿回的是 5 张回单,数怎么不对了。"美美边查单子边说,心一下子揪了起来。

"怎么了,小丫头?看你这紧张的表情。"雯姐连忙走了过来。

"雯姐,我取了 5 张回单,刚登完日记账,可是发现少了 1 张,这可怎么办呀。"美美着急地说。

"做账一定要凭真实合法的凭据才能做,赶紧给银行打电话。"雯姐提醒道。

"哦,好的。"美美说。

银行的工作人员对回单丢失的情况做出了说明:由企业经办人写一份情况说明,并加盖公章证明属实后,交开户银行审核。开户银行确认属实,可以另外出具一份银行回单(单子上有因企业遗失由银行补打的说明,证明某笔交易确实存在),企业据此凭证入账;或者开户银行确认属实,由开户银行在企业出具的说明上加盖银行业务单的印章,企业可以凭此入账。

美美将结果告知了雯姐,赶紧按程序又跑了趟银行,补办了丢失的回单,心里这才踏实了。

贴现办理有方法

"美美,丢失的回单补办完了吗?"雯姐关心地问。

"办好了,雯姐,这次多亏您提醒,谢谢您!"美美真诚地说。

"别谢,我这有份差事还得你做呢。"雯姐说。

"没问题,什么事,您吩咐!"美美爽快地说。

"这有一张商业承兑汇票要办理一下贴现,你再跑趟银行吧!"

"好的,这就去。"美美接过单据及相关资料,检查好要带的东西准备出发。

刚走到门口,雯姐又说:"这次小心点,别再弄丢什么东西了。"

"知道了。"美美转过身冲雯姐做了个鬼脸。

【任务9】2014年9月6日到银行办理贴现,银行贴现率8%,票据是于2014年6月5日签发的同城不带息商业承兑汇票(如图4-2、图4-3所示),期限6个月,面值70000元。

商业承兑汇票

出票日期(大写)	贰零壹肆年陆月零伍日			汇票号码 4374	
付款人	全称	北京完美公司	收款人	全称	北京大成公司
	账号	123245622552		账号	11020236587411111
	开户银行	建行北京市分行		开户银行	工行北京市分行
出票金额	人民币 柒万元整(大写)		千百十万千百十元角分 ¥ 7 0 0 0 0 0 0		
汇票到期日(大写)	贰零壹肆年壹拾贰月零伍日		付款人开户行	行号	105100098013
交易合同号码	0115			地址	北京市
本汇票已经承兑,到期无条件支付票款。 承兑人签章 承兑日期 2014年06月05日			本汇票请予以承兑,于到期日付款。 出票人签章		

图4-2 商业承兑汇票(正面)

图4-3 商业承兑汇票（反面）

【行动过程】

(1)出纳人员美美申请办理贴现所提供资料：公司的营业执照复印件；税务登记证复印件；组织机构代码证复印件；法人身份证复印件，经办人的身份证复印件，法人授权委托书；公司章程复印件；合同复印件；增值税发票、商品发运单据复印件；公章、财务专用章和法定代表人私章（以预防所带资料不全或错误，在银行即可当场补充或更正）；商业承兑汇票正反面复印件；贷款卡复印件等。

(2)出纳人员美美填写"贴现申请书"并加盖公章和法定代表人私章。

(3)出纳人员美美填写一式五联的"贴现凭证"，填完贴现凭证后，在贴现凭证第一联"申请人盖章"处和第二联、第三联背后加盖预留银行印鉴，然后一并送交开户银行信贷部门，开户银行审查无误后，在贴现凭证"银行审批"栏签注"同意"字样，并加盖有关人员印章后送银行会计部门。

(4)银行会计部门对银行信贷部门审查的内容进行复核，并审查汇票盖印及压印金额是否真实有效，审查无误后即按规定计算并在贴现凭证上填写贴现率8%、贴现利息1400元和实付贴现金额68600元，并将贴现凭证第四联加盖"转讫"章后交给出纳人员美美作为收账通知。与此同时,将计算好的实付贴现金额转入出纳人员美美所在单位的银行账户。

(5)出纳人员美美回到单位查询银行到账情况,并根据贴现凭证第四联(如图4-4所示),填写编制收入凭单并加盖"银行收讫"印章并签名。

(6)出纳人员美美将收入凭单及附件交由雯姐做账。

> **注意**
>
> (1)出纳人员美美验算:贴现天数=贴现日到汇票到期日实际天数-1=25(9月天数)+31(10月天数)+30(11月天数)+5(12月天数)-1=90(天)。
>
> (2)出纳人员美美验算:
> 票据上实付贴现金额=票据到期值-贴现利息
> 票据到期值=票面价值×(1+票面年利率×票据期限月数/12)
> 或=票面价值×(1+票面年利率×票据期限日数/360)
> 贴现利息=票据到期值×实际贴现天数×年贴现利率/360
> 或=票据到期值×实际贴现天数×月贴现利率/30
> 实得贴现金额=票据面值×(1-年贴现率×贴现天数/360)
> (此为不带息票据公式,票据到期值等于票据面值)
> =70000×(1-8%×90/360)=68600.00(元)
> 假如这个商业承兑汇票为带息票据,利率为6%,
> 则实得贴现金额=票据到期值×(1-年贴现率×贴现天数/360)
> =70000×(1+6%×6/12)×(1-8%×90/360)=70658.00(元)

"验算结果和票据上实付贴现金额相同,嘿嘿!"美美偷笑着,赶紧将计算过程记在笔记本上。

贴现凭证（收账通知） 4

填写日期 2014年09月06日　　　　　第9503号

贴现汇率	种类	商业承兑汇票	号码	4374	申请人	全称	天成公司								
	发票日	2014年06月05日				账号	11021200000000								
	到期日	2014年12月05日				开户	农行北京市分行								
汇票承兑人（或银行）	名称	北京完美公司			账号	123245622552	开户银行	建行北京市分行							
汇票金额（即贴现金额）	人民币（大写）柒万元整						百	十	万	千	百	十	元	角	分
							¥		7	0	0	0	0	0	0
贴现率	8%	贴现利息	万	千	百	十	元	角	分	实付贴现金额	百	十	万	千	百	十	元	角	分
		¥		1	4	0	0	0	0		¥		6	8	6	0	0	0	0

上述款项已计入你单位账户。
此致

业务办讫章
肖小敏　　　　　银行盖章
　　　　　　　　2014年09月06日

图4-4 不带息票据贴现凭证（收账通知）单

贴现凭证（收账通知） 4

填写日期 2014年09月06日　　　　　第9503号

贴现汇率	种类	商业承兑汇票	号码	4374	申请人	全称	天成公司								
	发票日	2014年06月05日				账号	11021200000000								
	到期日	2014年12月05日				开户	农行北京市分行								
汇票承兑人（或银行）	名称	北京完美公司			账号	123245622552	开户银行	建行北京市分行							
汇票金额（即贴现金额）	人民币（大写）柒万贰仟壹佰元整						百	十	万	千	百	十	元	角	分
							¥		7	2	1	0	0	0	0
贴现率	8%	贴现利息	万	千	百	十	元	角	分	实付贴现金额	百	十	万	千	百	十	元	角	分
		¥		1	4	4	2	0	0		¥		7	0	6	5	8	0	0

上述款项已计入你单位账户。
此致

业务办讫章
肖小敏　　　　　银行盖章
　　　　　　　　2014年09月06日

图4-5 带息票据贴现凭证（收账通知）单

> **注意**
>
> 贴现分为不带息和带息两种（如图4-4、图4-5所示）。
>
> 贴现利息是企业的筹资费用，其贴现利息及实付贴现金额计算公式如下：
>
> （1）不带息贴现
>
> 贴现利息=票据面值×日贴现率×贴现天数
>
> （2）带息贴现
>
> 票据到期值=票据面值×（1+票面利率×票据期限）
>
> 贴现天数=贴现日到汇票到期日实际天数−1
>
> 贴现利息=票据到期值×贴现率×贴现天数／360天
>
> （3）扣除利息后净额
>
> 实付贴现金额=票据金额−贴现利息
>
> "贴现天数"是指从贴现日至贴现汇票到期日止的间隔时间，计算贴现时，贴现日计息，到期日不计息（即平时所说的"算头不算尾"）。如果承兑人在异地的商业汇票贴现时，计算贴现利息时除规定的贴现期限再加3天的划款日期为贴现计息期。

"今天真是收获不小。"美美哼着小曲往公司赶。

操作银行存款电子支付密码器

美美刚到公司，屁股还没坐稳，电话就响了起来。美美看看号码赶紧拿起电话："喂，经理，我是美美，有什么事吗？"

"贴现办完了吗？"经理问。

"嗯,办完了,我刚从银行回来。"美美赶紧回道。

"哦,钱进账了吗?"经理又问。

"已经进了。"美美说。

"好,一会儿卉原公司来结账,你先付5万,我已经给于雯打电话了。"经理说。

"好的。"美美放下电话。

美美拿出转账支票,填写好相关信息,找雯姐和领导签字盖章后,突然想起支票上还有密码,密码得由密码器产生。美美赶紧打开保险柜,拿出密码器。

【任务10】2014年9月6日支付卉原公司货款50000元(工行转账支票结算),工行转账支票上电子支付密码的生成与填写。

【行动过程】

(1)拿出密码器(如图4-6所示),按下开机键开机,选择操作员"出纳1"后按"确认"键。

图4-6 工商银行存款电子支付密码器

（2）按照界面提示输入操作员口令（预设的6位密码）并按下"确认"键。

（3）选择"计算密码"，再按"确认"键。

（4）选择账号（一般就一个账号，所以默认就是这个号码），并按"确认"键。

（5）选择业务种类（一共5种，用上下移动键"∧""∨"选择需要的种类），这里选择"1 支票"，按"确认"键。

（6）输入票面数据。"签发日期"默认使用当天日期（自动显示，不用输入），"凭证号码"输入填写的支票的号码，"金额"输入支票上填写的金额（工行的密码器金额可输可不输)，输完后按"确认"键。

（7）核对输入的信息，核准后按"确认"键。

（8）输入法人口令（预设的6位密码，一般由另一个人掌握）并按"确认"键。

（9）这时会生成16位密码，按"确认"键后，将密码填写到支票上相应的密码区（在支票上填写的时候直接书写16位的密码，中间不要加"-"符号）。

（10）填写完成后，按关机键关闭密码器。

> **注意**
>
> 各银行密码器操作方法基本相同，中国农业银行支付密码器在第（6）步操作时要求必须输入支票上填写的金额。

美美打开日记本，找到密码器使用方法，按部就班地操作着密码器，到最后一步，一看生成了密码，心里别提有多高兴了，她赶紧把密码写到支票上，刚写完，卉原公司的于经理就走了过来。

"你好，美美。"于经理过来打招呼。

"您好，于经理。"美美也礼貌地回道。

"我和你们经理说好了，我过来取钱。"于经理说。

"好的，经理已经交代我了，您把手续给我吧。"美美说。

于经理把手续递给美美，美美认真审核了一遍，领导和雯姐都已经在上面签字，美美让于经理在单据上签上经手人名字，把支票存根撕下后，把另一半交给了于经理。

先查账后编表

不知不觉，又到了月底，美美去银行拿回了本月的对账单，上个月是雯姐帮美美对的账，程序美美记忆犹新。

"这个月我得自己弄了，不能老依靠别人吧。"美美心想。

于是美美拿出银行存款日记账和银行对账单进行核对，想着什么是未达账项，怎么编制银行存款余额调节表，为了避免出错，美美又拿出自己的法宝——笔记本，找到这部分笔记。

1. 账单核对

银行存款的账单核对一般在月末进行，采取存款单位银行存款日记账与其开户银行对账单核对账目的方法进行。

（1）在核对双方账目前，存款单位应事先检查银行存款账户记录是否完整正确，逐一核对涉及"银行存款"的收款凭证和付款凭证是否全部入账，账证是否相符。结出银行存款日记账余额，与银行存款总账核对，做到账账相符。

（2）在收到银行对账单后，将银行存款账户上的每笔业务与银行送来的对账单逐笔勾对。勾对时，首先看票据种类及号数是否一致，再看对应金额是否一致，如果一致，用铅笔在账簿和对账单相应金额前划"√"。有时账簿和对账单上业务记载不是一对一的关系，而是一对多、多对一或多对多的情况，如果票据种类和号数以及金额总数能对上，也属于已达账项，也要划"√"。

（3）查看账簿和对账单上没划"√"的金额，即为"未达账项"，然后编制"银行存款余额调节表"。

（4）如果调节后余额相等，即为"未达账项"造成了账簿和对账单余额不符；如果调节后的余额不相等，那么证明单位或银行有记账错误，要及时查找错误原因并更正。

> **注意**
>
> 当发现双方账面余额不一致时，如果是双方账簿记录发生错记漏记，应及时查清更正；如果是由于双方凭证传递时间上的差异而产生未达账项所致，则应编制"银行存款余额调节表"进行调整。

2. 未达账项

所谓未达账项，是指由于收、付款的结算凭证在传递、接收时间上不一致而导致的一方已经入账，另一方没有接到凭证尚未入账的收付款项。它一般有以下4种情况：

（1）存款单位已经收款入账，银行还未入账的款项。

（2）存款单位已经开出支票或其他支款凭证，登记银行存款减少，银行尚未办理转账或支付手续，尚未记账。

（3）存款单位委托银行代收的款项或银行支付给存款单位的存款利息，银行已贷记存款单位存款账户，存款单位尚未收到收账通知，还未入账。

（4）银行代付的款项，银行付款后已减记存款单位存款账户，存款单位尚未收到银行的转账通知，还未入账。

（1）和（4）两种情况，会使存款单位账面的存款余额大于银行对账单的存款余额；（2）和（3）两种情况，会使存款单位账面的存款余额小于银行对账单的存款余额。

存款单位银行存款日记账、银行对账单余额和未达账项的关系是：

企业银行存款日记账余额＋银行已收而企业未收的款项－银行已付而企业未付的款项＝银行对账单余额＋企业已收而银行未收的款项－企业已付而银行未付的款项

> **注意**
>
> 上月未达账项，本月入账的属于已达账项。

【任务11】2014年9月30日，进行银行存款账实核对，即银行存款日记账和银行对账单核对。

【行动过程】

（1）美美先进行银行存款日记账和会计凭证、总账中银行存款余额核对。

（2）核对无误后，进行"银行存款日记账"和"对账单"业务核对划"√"（一般用铅笔），如图4-7、图4-8所示。

（3）找出"未达账项"，编制"银行存款余额调节表"（没有未达账项，也要编制"银行存款余额调节表"），如图4-9所示。

银行存款日记账

2014年		记账凭证		摘要	票据种类		收入	付出	结余
月	日	种类	编号		种类	号数			
8	31			（以上业务略）					353596.00
9	1	记	2	房屋租金存入银行			√20000.00		373596.00
9	6	记	8	商业承兑汇票贴现	商汇	9503	√68600.00		442196.00
9	10	记	13	对公账户收费				√30.00	442166.00
9	12	记	15	预付红叶公司货款	转支	0005		√50000.00	392166.00
9	12	记	16	缴纳8月份增值税				√6500.00	385666.00
9	12	记	17	缴纳地税8月份税款				√666.00	385000.00
9	26	记	28	偿还前欠货款	转支	0006		√10000.00	375000.00
9	28	记	39	预付货款	转支	0007		80000.00	295000.00
9	30	记	45	预收货款	汇票	1018	41800.00		336800.00
9	30			本月合计			130400.00	147196.00	336800.00

图4-7 银行存款日记账部分业务

银行对账单

户名：天成公司　　　　账号：11020236587456888　　　　币种：人民币

2014年		记账凭证		摘要	借方发生额	贷方发生额	余额
月	日	种类	号数				
9	1	现金		房屋租金存入银行		√20000.00	373596.00
9	6	商汇	9503	商业承兑汇票贴现		√68600.00	442196.00
9	10	转账		对公账户收费	√30.00		442166.00
9	12	转账		代理国税税收收缴	√6500.00		435666.00
9	12	转账		代理地税税收收缴	√666.00		435000.00
9	18	转支	0005	预付货款	√50000.00		385000.00
9	26	转支	0006	支付货款	√10000.00		375000.00
9	29	电汇	0128	收到货款		50000.00	425000.00
9	30	特转	1009	贷款利息	300.00		424700.00

图4-8 银行对账单

65

银行存款余额调节表

2014年09月30日　　　　　　　　　　　　　单位：元

项目	金额	项目	金额
银行存款日记账余额	336800.00	银行对账单余额	424700.00
加：银行已收企业未收	50000.00	加：企业已收银行未收	41800.00
减：银行已付企业未付	300.00	减：企业已付银行未付	80000.00
调节后余额	386500.00	调节后余额	386500.00

图4-9 银行存款余额调节表

美美按照笔记本中的笔记，完成了本月银行存款对账工作，经编制"银行存款余额调节表"验证：9月末账簿余额和对账单余额不符是由于"未达账项"造成的，对于企业未记账的未达账项，美美记录了下来，赶紧去银行查找单据，拿回来后及时入账。

美美也没忘记编制"银行存款余额调节表"是会计人员的工作，赶紧把对账单、银行存款日记账和银行制式的"银行存款余额调节表"给雯姐拿去。雯姐填完后，美美把自己做的调节表和雯姐填写的进行了对比，结果一模一样，成就感写满了美美漂亮的小脸，她拿着盖好公章的调节表给银行送去了。

资金不够去贷款

"叮铃铃，叮铃铃……"电话在午后刚上班时不停地响着。

美美正在整理从银行拿回来的单据，听到电话响，赶紧起身去接，心想，"不会是领导查岗吧？这才刚到点啊。"

"喂，马总你好，我是美美，我早就到了。"美美心里想着，嘴上就说了出来。

"哦,美美,我知道你到了,我是让你准备一下,一会儿拿着资料去建行贷点款。"

"好的。马总,再见。"

放下电话,美美才想起,自己没有办理过贷款,怎么办呢?都需要哪些资料,借款要如何操作都一概不知,都忘记问了。

美美正在懊恼时,雯姐的声音传了过来:"美美啊,你找一下贷款需要的证件,复印一份。"

正愁那么多问题没办法解决呢,救星就来了。美美的高兴劲儿又回来了,赶紧请教吧。

美美拿着笔记本记录着办理贷款需要的资料、程序和流程。

提到贷款,那么必不可少的一个关键性物品就是贷款卡,如果没有贷款卡,就不能在银行借到贷款。贷款卡由借款人持有,在全国通用,一个借款人只可申领一张,贷款卡的编码是唯一的,就像一个人只能有一个身份证号一样,如图4-10所示。

图4-10 贷款卡

如果想贷款,必须先申办贷款卡,通常情况下,各地申办贷款卡需要提供的基本资料相同,不过具体申请时,要以当地人民银行的要求为准。企业应准备好有关文件材料，连同填妥的报告书送人民银行有关部门审验，一般需要提供的资料有：

（1）有效的企业法人营业执照或营业执照副本、非独立核算营业执照、事业单位法人证书、中华人民共和国外资企业批准证书和中华人民共和国中外合资（或合作）经营企业批准证书（三资企业提供），其他借款人有效证件复印件，并出示原件。

（2）有效的组织机构代码证正本复印件，并出示副本原件。

（3）有效的国税税务登记证、地税税务登记证正本复印件，并出示副本原件。

（4）有效的基本账户开户许可证复印件，并出示原件。

（5）法定代表人（负责人）、总经理、财务负责人等高级管理人员的身份证件、学历证明材料复印件；经办人身份证件复印件。

（6）企业最新注册资本验资报告或国有资产产权登记证或有关注册资本来源的证明材料复印件，并出示原件。

（7）企业资本构成情况表中各出资单位代码证复印件和各出资自然人的身份证件复印件。

（8）企业对外投资情况证明材料（如被投资单位验资报告，未验资的提供被投资单位公司章程等），以及各被投资单位的组织机构代码证复印件。

（9）上级公司（集团公司／母公司）的组织机构代码证复印件或贷款卡（编码）。

（10）法定代表人家族企业各成员身份证件复印件以及家族企业各成员单位的营业执照复印件或贷款卡（编码）。

（11）上年度及最新的季度或半年度资产负债表、利润表及现金流量表（如是集团公司还需分别提供本部报表和合并报表），各报表须盖企业公章和财务负责人、制表人印章或签字，同时报送电子版（人民银行有制式的表格，可填完后打印一份，然后连同电子版一起报送）。

（12）若委托他人申请贷款卡（编码），还另需提交具有法律效力的委托授权书。

> **注意**
>
> 资料中提到的有效证件，指的是本年度已经经过年检的证件。
>
> 如果有贷款卡的，贷款卡要每年进行年检，未年检的不能直接办理贷款。

【任务12】2014年10月5日，去建行办理贷款100万元，用于购进货物。

【行动过程】

（1）提出贷款申请：单位给银行的客户经理递交书面借款申请书，内容包括：借款人的基本情况，申请贷款的期限、用途、金额、还款来源、担保等。

（2）银行受理与调查：银行客户经理经主管同意受理后，对客户进行调查。此时客户提交的资料主要有：制式借款申请书；已办理年检合格的营业执照及年检证明；法人代码证书；法定代表人身份证明；贷款卡；经财政部门或会计（审计）师事务所核准的前三个年度及上个月财务报表和审计报告（成立不足3年的企业，提交自成立以来的年度和近期报表）；税务部门年检合格的税务登记证明；公司合同或章程；企业董事会（股东会）成员和主要负责人、财务负责人名单和签字样本等；信贷业务由授权委托人办理的，需提供企业法定代表人授权委托书（原件）；若借款人为有限责任公司、股份有限公司、合资合作公司或承包经营企业，要求提供董事会（股东会）或发包人同意申请信贷业务决议、文件或具有同等法律效力的文件或证明；担保人相关材料等。

（3）银行客户经理依据手中持有的资料及市场和外界情况，对客户申请贷款的合法性、安全性、盈利性进行调查，同意贷款，便将上述资料和调查报告一并移交信贷部门，审批后签订借款合同和担保合同等法律性文件。

（4）银行发放贷款。借款人可按照合同规定用途支用贷款。

（5）银行贷后检查：对借款人执行借款合同情况及借款人经营情况进行追踪调查和检查，主要检查借入资金的流动性，如果借了的款项一直在账户里面或一次性支付出去再也没有回款，都属于不正常现象。

（6）贷款到期收回或展期：贷款到期，借款人按时足额归还贷款本息，如要展期应在借款到期日之前，向银行提出贷款展期申请，是否展期由银行决定。

具体业务以当地银行网点的公告与规定为准。

美美记录下来之后，找到所需提供的资料，写出书面申请，到建行办理贷款事项。银行客户经理接待了美美，初步审核了资料，报主管批准同意贷款。

"我给你一张办理贷款需要的资料单，你按要求准备，都准备好后再来找我。"客户经理说。

美美接过来一看，和自己笔记上记的一样，心里有了底。

第二天，美美把资料一起送到了银行客户经理那里，客户经理审核后说:"没有问题,可以贷款。"

过了几天,美美接到建行的电话:"你们单位贷款批下来了,钱已经转入你们单位账户。"

美美悬着的一颗心终于放下了,心中感慨:办贷款太复杂了。

PART

第 3 篇

熟练操作,提升出纳业务水平

第 5 章

胆大心细有条理——支票的使用

本章知识点

支票是出票人签发的，委托办理支票存款业务的银行在见票时无条件支付确定的金额给收款人或是持票人的票据。支票结算方式是同城结算中应用较广的一种方式。单位和个人的同一票据交换区域的各种款项结算，均可以使用支票。

按照支付票款的方式，支票分为现金支票、转账支票和普通支票。支票上印有"现金"字样的为现金支票，现金支票只能用于支取现金；支票上印有"转账"字样的为转账支票，转账支票只能用于转账；支票上未印有"现金"或"转账"字样的为普通支票，普通支票可以用于支取现金，也可以用于转账。在普通支票左上角划两条平行线的，为划线支票，划线支票只能用于转账，不得支取现金。

第 5 章
胆大心细有条理——支票的使用

美美的日子没有大起大落，过得非常平稳。这一天，美美和往常一样梳洗打扮，和室友一起吃过早餐，就去了公司。

购买支票

上午，见没有什么事，美美拿出一本会计书看了起来。美美心想，我一定要好好学，成为雯姐那样的会计。正看得入神，美美感觉谁动了自己的辫子一下，抬头一看，是自己的好朋友李曼。

"小姑娘，看什么书呢，言情小说吧？"李曼调侃说。

"哦，你呀，我才不学你呢。什么事？"美美扭头看着李曼。

"我要去趟上海，参加展销会。"李曼说。

"什么时间啊，我也想去。"美美一听，兴奋地站了起来。

"行啊，正愁没伴呢，我一个人差旅费5000元就够了，你要去的话，姐姐我给你打个折。"李曼接着调侃说。

一听要这么多钱，美美有些心虚地问："我去多少啊？"

"一半，剩余的我负责。"李曼假装严肃地说。

说笑了一会儿，李曼一本正经地说："不和你闹了。下午等着走，我要带5000元差旅费。"

"有批条吗？"美美"专业"地问。

"我办事，你放心。"说着，李曼拿出一张领导签好字的差旅费借款单递给美美。

美美接过借款单，审核完各领导签字和借款金额大小写，以及李曼娟秀的亲笔签名，笑着说："稍等，我看看钱够不。"

美美打开保险柜一看，钱不足5000元了。美美把借款单递给李曼，说："你先等会儿再来，我这钱不够了，现金支票也没有了，我得先去买支票。买完我给你打电话，第一个给你办。"

"好的，够意思。"李曼拍拍美美的肩走开了。

美美找到一张结算凭证购买单，认真填写起来，由于是第一次填写，她格外细心。美美填完之后找雯姐签字盖章，雯姐拿过来一看，笑眯眯地说："美美，还记得我告诉过你，取现在哪个银行办理吗？"

美美一听，突然想起在学校老师讲过，备用金、工资等需要的现金要在基本存款户才能取现，公司的基本存款户是工行，但刚才自己填的是建行的结算凭证购买单，美美的脸不由得红了。

"我填错了，我重新填一张。"美美不好意思地说。

雯姐看着跑走的美美，会心地笑了。

不一会儿，美美拿着重新填好的工行结算凭证购买单（如图5-1所示）给雯姐，雯姐审核后签字盖上财务专用章和法定代表人章，美美又想了想购买现金支票所要携带的物品："除了结算凭证购买单,用不用密码器呢?还是带着吧,身份证也带着吧,万一用到呢。"准备好后,美美开开心心地去工行购买现金支票了。

> **注意**
>
> 结算凭证购买单填写方法,选一组一式三联的结算凭证购买单,垫复写纸(如果是自带复写功能的就不用垫复写纸了,但是要在第三联后面垫上垫板,防止把下一组凭证也复写上),按图5-1填写相关内容,第一联回单是银行盖章返回企业记账用的,其余两联要盖上财务专用章和法定代表人章。

ICBC 中国工商银行　　　　收费凭条

2014年12月01日

付款人名称	天成公司	付款人账号	11020236587456888										
服务项目(凭证种类)	数量	工本费	手续费	小计									上述款项请从我
				百	十	万	千	百	十	元	角	分	
现金支票	1	5	15						2	0	0	0	户中支付
													★ 财务专用章
合　计													预留印鉴 马六
金额	币种(大写)	人民币贰拾元整						￥	2	0	0	0	
以下在购买凭证时填写													
领购人姓名	刘美美	领购人证件类型	身份证										
		领购人证件号码											

图5-1 工商银行结算凭证购买单

【任务13】2014年12月1日去工行购买现金支票1本。

【行动过程】

（1）填好结算凭证购买单，盖上财务专用章和法人代表章。

（2）带上身份证去银行，在银行购买凭证时填上领购人姓名、证件类型、证件号码。

（3）购买现金支票，输入预留密码。

（4）银行卖出支票，在支票上打印上本公司的开户银行和出票人账号，并且打印收费回单（如图5-2所示）给领购人，作为领购人记账的凭据。

```
ICBC 中国工商银行        收费（回单联）        凭证

                      2014年12月01日

工本费付费户名：天成公司
工本费付费账号：11020236587456888         2014.12.01
手续费付费户名：天成公司                    核算用章
                                            078
手续费付费账号：11020236587456888   使用凭证账号：110202365874568888
服务项目（凭证种类）本数   凭证号码        工本费    手续费    金额小计
现金支票              1   0012001-0012025   5.00     15.00     20.00
金额合计（大写）：人民币（本位币）贰拾元整
金额合计（小写）：RMB20.00
地区号：0200   网点号：1213   操作柜员：01751   授权柜员：
```

图5-2 工商银行收费回单

有的地方也沿用原来的结算凭证购买单，填制方法如图5-3所示（一式三联），单位在二三联上盖财务专用章和法定代表人章。

中国工商银行收费凭证

2014年12月01日　　　　　　　　　　　　　　　　　第001号

户名	天成公司			开户银行	工行北京市支行
账号	11020236587456888			收费种类	工本费

客户购买凭证时在"收费种类"栏填写工本费,在"凭证种类"栏填写所购凭证名称。	凭证(结算)种类	单价	数量	金额 万千百十元角分
	现金支票	20.00	1	2 0 0 0
客户在办理结算业务时,在"收费种类"栏分别填写手续费或邮电费,在"结算种类"栏填写办理的结算方式。	人民币(大　写)	贰拾元整		￥　　　2 0 0 0 2014.12.01 核算用章 078

复核　　　　　　　　　　　　　记账

图5-3　工商银行收费凭证

【任务14】2014年12月2日在建行借的贷款放下来了,需要去一般存款户建设银行购买转账支票1本。

【行动过程】

（1）填好结算凭证购买单（如图5-4所示），一二联盖上财务专用章和法定代表人章，第三联回单联由于是单位自己入账用，可以不用盖预留银行印鉴。

中国建设银行空白凭证领用单

2014年12月02日

科目（借）＿＿＿＿＿＿　　　　　对方科目（贷）＿＿＿＿＿＿
户　　名：天成公司　　　　　　　账　　号：110000235

凭证种类			数量	单价	百十元角分
页(份)数	名　称	号　码			
25	转账支票	0798551-0798575	1	20.00	2 0 0 0
	人民币贰拾圆整			￥	2 0 0 0

领用单位盖章　　复核　　经办　　记账　　验印
（预留银行印鉴）

图5-4　建设银行结算凭证购买单

（2）带上身份证去银行。

（3）购买转账支票，输入预留密码。

（4）银行卖出支票，在支票上打印上本公司的开户银行和出票人账号，并且在回单联上盖上银行章后返还给领购人，作为领购人记账的凭据。

> **注意**
>
> 购买支票所带物品有：盖上财务专用章和法人代表章的结算凭证购买单（工商银行收费凭证、建设银行空白凭证领用单）、购领人身份证。此外，第一次办理时预留的密码要记住。

美美能不能买完支票就顺手把钱取了呢？

不能，因为票据和章是分管的，美美手里虽然取得了支票，但没有预留银行印鉴，所以一个人是不能完成取款的。有些小企业或离银行较远的单位也可由出纳带着两个章和密码器去银行，购买完现金支票顺便把现金取回来，但是如果取大额现金，就要两个人一起去。

我给支票来填空

美美很快把现金支票买了回来，赶紧填写完支票登记簿，拿出第一张现金支票，用黑色碳素笔填写支票，准备取钱去。

签发支票必须记载下列事项：

标明"支票"的字样，无条件支付的委托，确定的金额，付款人名称，出票日期，出票人签章。

欠缺记载上列事项之一的，支票无效。

支票的付款人为支票上记载的出票人开户银行。

支票的填写：支票分左右两部分，左边是存根联，企业记账用；右边这部分银行转账付款用，所以右半部分支票的填写非常关键，写错一点都要作废重填；存根部分照着右半部分抄就行，相对要求较松。

美美继续学习支票的填写方法。

1. 支票右半部分的填写

（1）出票日期（大写）。

票据的出票日期数字必须使用中文大写，大写数字写法：零、壹、贰、叁、肆、伍、陆、柒、捌、玖、拾。为防止变造票据的出票日期，在填写月、日时，月为壹、贰和壹拾的，日为壹至玖和壹拾、贰拾、叁拾的，应在其前加"零"，如1月20日，应写成零壹月零贰拾日；日期为拾壹至拾玖的，应在其前加"壹"字，如11月15日，应写成壹拾壹月壹拾伍日。2014年12月8日，大写为贰零壹肆年壹拾贰月零捌日（注意：拾贰月前壹字必须写，捌日前零字必须写）。再如，2014年1月30日，大写为贰零壹肆年零壹月零叁拾日。

票据出票日期使用小写填写的，银行不予受理。大写日期未按要求规范填写的，银行可予受理，但由此造成损失的，由出票人自行承担。

（2）支票收款人。

现金支票收款人：一般写本单位名称（全称）。如，乾隆酒店出纳填写现金支票支取备用金，收款人填写：乾隆酒店。同时现金支票背面收款人签章栏内加盖本单位的财务专用章和法定代表人章，之后收款人可凭现金支票直接到开户银行提取现金，取款时签上取款人姓名，取大额现金要经银行专门负责人核印后凭身份证取款。（银行有营业点联网的，也可到联网营业点取款，具体根据联网覆盖范围而定）。

现金支票收款人也可写收款人个人姓名，此时现金支票背面不盖任何章，收款人在现金支票背面填上身份证号码和发证机关名称，凭身份证和现金支票签字领款。

转账支票收款人：应填写对方单位名称即款项收取人名称（全称）。转账支票背面本单位不盖章，收款单位取得转账支票后，在支票背面被背书栏内加盖收款单位财务专用章和法定代表人章，填写好银行进账单后连同该支票交给收款单位的开户银行委托银行收款。如公司开出转账支票支付前欠兴宇公司货款，收款人填写：兴宇公司。

（3）付款行名称、出票人账号。

即本单位开户银行名称及银行账号，例如，工商银行北京市支行，11020236587456888，账号小写。一般这项内容在买支票的时候开户银行已经印好，出纳人员不用再填写。

（4）金额。

人民币（大写）：中文大写金额数字应用正楷或行书填写，大写写法为零、壹、贰、叁、肆、伍、陆、柒、捌、玖、亿、万、仟、佰、拾、元（圆）、角、分、整（正）等字样。不能用一、二（两）、三、四、五、六、七、八、九、十、毛、另（或0）填写，不得自造简化字。

中文大写金额数字到元为止的，在元后面，应写整（或正）字；角位分位为0的，也可以不写整（或正）字，不写整（或正）字时，分位也不写"零分"；大写金额数字有分的，分后面不写整（或正）字。如¥123.00大写为人民币壹佰贰拾叁元整，¥123.10大写为人民币壹佰贰拾叁元壹角整或人民币壹佰贰拾叁元壹角，¥123.11大写为人民币壹佰贰拾叁元壹角壹分。

中文大写金额数字前标明"人民币"字样，大写金额数字应紧接人民币字样填写，不得留有空白。

阿拉伯小写金额数字中有0时，中文大写应按照汉语语言文字规律、金额数字构成和防止涂改的要求进行书写。例如：阿拉伯数字中间有0时，中文大写金额要写0字。如¥1501.60，应写成人民币壹仟伍佰零壹元陆角整。

阿拉伯数字中间连续有几个0时，中文大写金额对应位置可以只写一个零字。如¥1008.29，应写成人民币壹仟零捌元贰角玖分。

阿拉伯金额数字万位或元位是0，或者数字中间连续有几个0，万位、元位也是0，但千位、角位不是0时，中文大写金额中可以只写一个零字，也可以不写零字。如¥3240.32，应写成人民币叁仟贰佰肆拾元叁角贰分，或者写成人民币叁仟贰佰肆拾元零叁角贰分；又如¥105000.35，应写成人民币壹拾万零伍仟元叁角伍分，或者写成人民币壹拾万零伍仟元零叁角伍分。

阿拉伯数字金额角位是0，而分位不是0时，中文大写金额元后面应写零字。如¥169.02，应写成人民币壹佰陆拾玖元零贰分。

小写金额：最高金额的前一位空白格书写人民币符号"¥"，用阿拉伯数字填写上小写金额，一直写到分位。阿拉伯小写金额数字要认真填写，使其完整清楚，不得连写，使字迹分辨不清。

（5）用途。

现金支票有一定限制，一般填写"备用金""差旅费""工资""劳务费"等允许使用现金支付的业务内容。

转账支票没有具体规定，可填写如"货款""诉讼费""业务招待费""运费"等。

（6）盖章。

支票正面"出票人签章"处盖财务专用章和法定代表人章及预留银行印鉴，缺一不可。印泥为红色，印章必须清晰，印章模糊的本张支票按照作废处理，需换一张重新填写、盖章。图5-5、图5-6为工商银行转账支票式样。

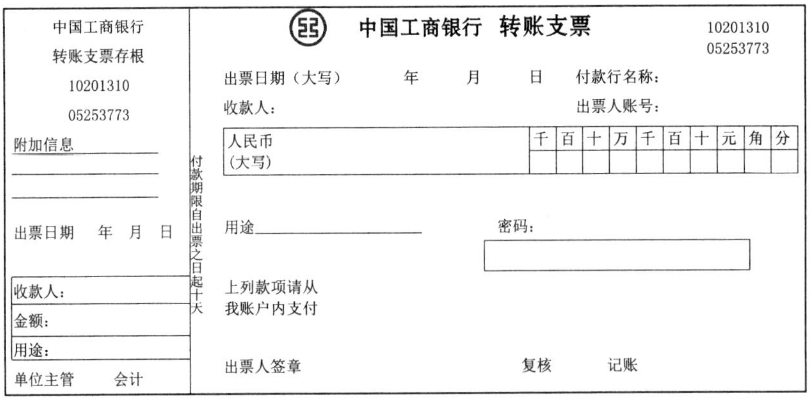

图5-5 工商银行转账支票式样（正面）

附加信息：	被背书人	被背书人	（粘贴单处）	根据《中华人民共和国票据法》等法律法规的规定，签发空头支票由中国人民银行处以票面金额5%但不低于1000元的罚款
	背书人签章 年　月　日	背书人签章 年　月　日		

图 5-6 工商银行转账支票式样（背面）

2. 支票左半部分（存根）的填写

（1）日期：小写。按平时写日期的习惯填写，月和日数字前不用加"0"，如果习惯加"0"，加完后，位数不能超过两位。如10月1日，也可写成10月01日，但不能写成010月01日。

（2）收款人：和右半部分一致，但可以写简称。

（3）金额：金额有两种写法，可以直接写上小写金额，金额后面写元。如5000.00元，也可以先写上人民币符号"￥"，紧接着写上小写金额：￥5000.00，要写到分位。

（4）用途：和右半部分一致。

（5）签字：填写完整张支票后找相关人员签字盖章，不能由出纳代签。

【任务15】2014年12月1日开出现金支票5000元，用于支付李曼差旅费借款。

【行动过程】

（1）填写现金支票右半部分。出票日期,注意第一个数字是"1"

的，大写要先写"壹"，所以12月，月的前面应填写为"壹拾贰"；收款人：天成公司；金额大写：紧挨着人民币后写，不能留空，最后写上"整"字；金额小写：写到分位，最高位千位前即万位写"¥"；用途填写：差旅费。

（2）填写左半部分（存根）：日期小写，收款人可简写，金额小写，用途同右半部分。

（3）找会计签字盖章。

（4）找单位主管签字盖章。

（5）找出密码器，填写密码。

（6）沿虚线裁下右半部分。

（7）去银行取款时，在背面填上取款人姓名和身份证名称及号码。

美美很快就填写完现金支票（如图5-7、图5-8所示），找雯姐和领导签字盖章后，拿出密码器填上密码，沿虚线剪下右半部分，带上身份证，赶紧去银行取钱了。

图5-7 工商银行现金支票票样（正面）

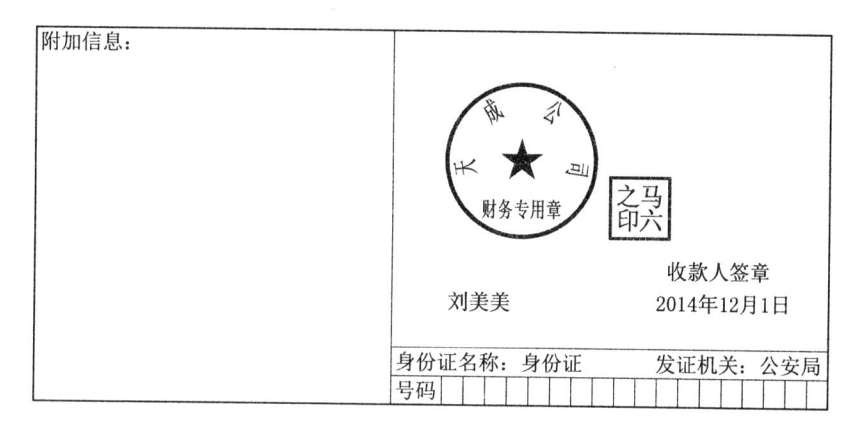

图5-8 工商银行现金支票票样（背面）

支票结算程序如图 5-9 所示。

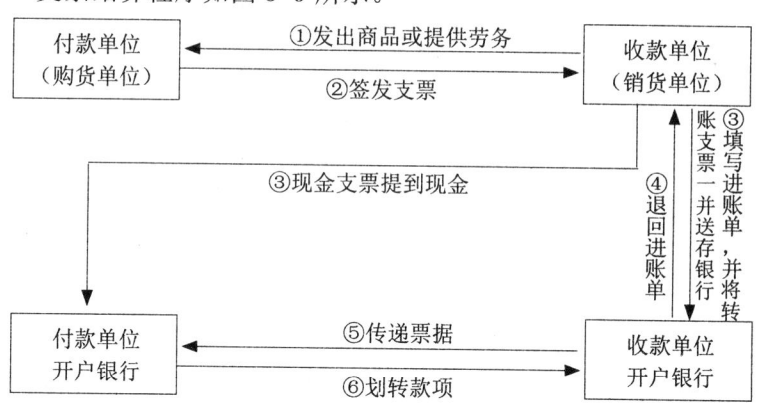

图5-9 支票结算程序

美美掌握了购买支票的流程，而且支票一次填写成功，顺利取回钱来，第一时间就给好朋友李曼办好手续付了钱。坐到椅子上，美美想起在学校时老师讲支票填写时说的笑话：一个毕业生觉得支票填写就是填空，很简单，但是他为了取 5000 元钱竟然用了一本支票，最后还是在银行工作人员的帮助下才取到钱，到了第二天他就失业了。想着自己一次就把支票填好了，美美甭提有多高兴了。

不过得意过后，美美也没忘了记工作日志，她把今天的工作好好进行了总结。

【任务16】2014年12月1日供应科小李带领本地梦缘公司的业务员张静怡结算从其公司购入A商品货款34000元。

【行动过程】

（1）小李带领张静怡到财务部门领取、填写支出凭单。

（2）采购部门小李的支出凭单需经过以下审批过程：交给采购部门主管王一审核并签名→交会计主管于雯核定其费用与金额并签名→上交公司主管领导马六审批并签名→小李在原始单据经手人处签上"李毅"，交出纳审核并签发转账支票→会计和单位主管在转账支票正面上签字盖章→张静怡在转账支票存根和支出凭单上签字，并留下转账支票右半部分。

（3）出纳人员美美拿到通过审核的支出凭单，再审核附件及凭单上各部门主管是否都已签名，确认付款依据和金额。审核无误后，填写"支票登记簿"并填写转账支票34000元（如图5-10、图5-11所示），再由张静怡在转账支票存根和支出凭单的领款人处签名确认。

（4）出纳人员美美在支出凭单上签名。

（5）根据支出凭单和转账支票存根，登记银行存款日记账。

（6）将支出凭单和转账支票存根交由会计进行账务处理。

第 5 章
胆大心细有条理——支票的使用

中国工商银行 转账支票存根 0092154 0523654	中国工商银行 转账支票 0092154 0523654
附加信息	出票日期（大写）贰零壹肆年壹拾贰月零壹日　付款行名称：工行北京市支行
付款期限自出票之日起十天	收款人：梦缘公司　　出票人账号：11020236587456888
出票日期2014年12月1日	人民币叁万肆仟元整（大写）　￥340000
收款人：梦缘公司	用途　A商品款　　密码：2131-5506-1698-3254
金额：￥34000.00	上列款项请从我账户内支付
用途：A商品款	出票人签章　　复核　　记账
单位主管马六　会计于雯	

图5-10 工商银行转账支票（正面）

附加信息：	被背书人	被背书人	粘贴单处	根据《中华人民共和国票据法》等法律法规的规定，签发空头支票由中国人民银行处以票面金额5%但不低于1000元的罚款
	背书人签章 年　月　日	背书人签章 年　月　日		

图5-11 工商银行转账支票（背面）

> **注意**
>
> 　　转账支票背面由收款人盖章，所以背面什么也不用填写，也不用盖章。

支票的挂失办理

上班，收款、付款、存款、取款……周而复始的工作，让美美刚参加工作的紧张心情放松了下来。美美暗自想，出纳工作也没什么难的嘛。

今天到了发放工资的日子，美美早早准备好现金支票，签完字去银行取钱。偏不凑巧，今天公司车不在，雯姐派小李陪同美美一起坐公交车去银行取钱，都取过很多次钱了，美美驾轻就熟。到了银行，取了排队等候号，美美就去非现金区核印（超过银行规定限额要进行核印，一般50000元）。美美把包往柜台上一放，准备找支票，天啊，包上怎么有一个大口子？美美心想，准是被小偷光顾了，赶紧查看丢了什么。这一看把美美吓出一身冷汗，天啊，现金支票没有了，美美急得手足无措："怎么办，如果钱被别人取走了，我该怎么办啊？"美美赶紧掏出手机向雯姐汇报。雯姐说："别着急，你不是在银行吗，赶紧问一下，看能不能挂失！"听雯姐这么一说，美美悬着的心放下一半，她赶紧去向银行工作人员说明情况。银行工作人员给出了回答。

挂失止付，是指失票人将丧失票据的情况通知付款人，接受挂失通知的付款人决定暂停支付，以防票据款项被他人取得的一种补救措施。

《中华人民共和国票据法》第十五条规定：票据丧失，失票人可以及时通知票据的付款人挂失止付，但是，未记载付款人或者无法确定付款人及其代理付款人的票据除外。

依据相关法律法规，以下几种情况均不适用挂失止付：

未记载付款人或者无法确定付款人及其代理付款人的汇票和支票；

未记载出票人的本票；

没有承兑的商业汇票、转账的银行汇票和转账的银行本票。

银行工作人员询问了美美丢失支票的票面填写情况，认为符合挂失止付的条件，可以办理挂失止付，同时告知美美挂失止付的程序和责任。

1. 挂失止付的程序

（1）失票人向银行提出书面挂失通知（一般银行有制式表格）。

通知书应载明：

票据丧失的时间、地点、原因；

票据的种类、号码、金额、出票日期、付款日期、付款人名称、收款人名称；

挂失止付人的姓名、营业场所或者住所以及联系方式。

> **注意**
>
> 如果通知书欠缺这些记载事项的，付款人或者代理付款人不予受理。

（2）同时要求单位开具一份支票丢失证明，并盖章。

（3）银行收到挂失止付通知书和支票丢失证明后，查明挂失票据确未付款时，应立即暂停付款。

2. 挂失止付的效力

银行在收到挂失止付通知书之前，已经向持票人付款的，不再承担责任。

银行确未付款的，应立即暂停付款。

同时工作人员告知美美，挂失止付不是一种效力确定的补救措施，失票人必须将其与其他法定措施结合起来，才能切实起到救济作用。

《中华人民共和国票据法》第十五条规定：收到挂失止付通知的付款人，应当暂停支付。

失票人应当在通知挂失止付后三日内，也可以在票据丧失后，依法向人民法院申请公示催告，或者向人民法院提起诉讼。

听完这些，美美心里后悔不已，之前自己以为不是现金就没什么风险，如果坐车时时刻注意着自己的包，也不会让小偷有可乘之机。这件事让美美觉得以后要更加严谨地工作。

用支票付款取现

美美问清楚了办理挂失止付的程序，赶紧回单位开了个支票丢失证明，填写了挂失通知单。办妥挂失止付手续后，银行告知美美，款项尚未被别人支取，这时美美的心才放下。美美把银行办理挂失止付的情况和款项没被别人取走的事汇报给雯姐，然后

第 5 章
胆大心细有条理——支票的使用

赶紧回到单位重新填写了一张现金支票,和小李又一次来到银行大厅,顺利取到了钱。

【任务17】2014年12月2日美美填写现金支票支取现金91894元,用于发放工资。

【行动过程】

(1)看填写好的现金支票是否属于大额取现,如果属于大额(一般≥50000元),要进行核印再取款;如果≥200000元,还要提前预约。本次填写金额为91894元,属于大额,需要去非现金区核印。

(2)核印后,去现金区取号(为节省时间,最好先取号,然后到非现金区核印,再回到现金区)排队等候取现。

(3)等待叫号,去银行安排的柜台前办理业务。

(4)在现金支票的背面填上取款人姓名、身份证件名称、发证机关和身份证号码(有些地区的工商银行取现不用签字,银行把支票进行扫描直接传递省行再审核),然后把现金支票和身份证递给柜员。

(5)柜员检查支票上信息填写的正确性,不正确或有涂改痕迹的一律退票。柜员把支票信息录入电脑记账后,点出等额现金交给取款人。

(6)取款人当面点清现金,完成取现。

注意

如果属于大额取现,又懒得去核印或核印人不在的情况,可以多填几张现金支票,保证每张支票金额不足50000元,这样就不用去核印了。尤其是中午去取钱的时候,核印柜员已经下班,公司又急等钱用,这个方法很有效。

【任务18】 2014年12月2日销售科小孟交来转账支票一张，系和顺和购物商场支付的货款50000元。

【行动过程】

（1）收到转账支票（如图5-12、图5-13所示），审核票面内容。

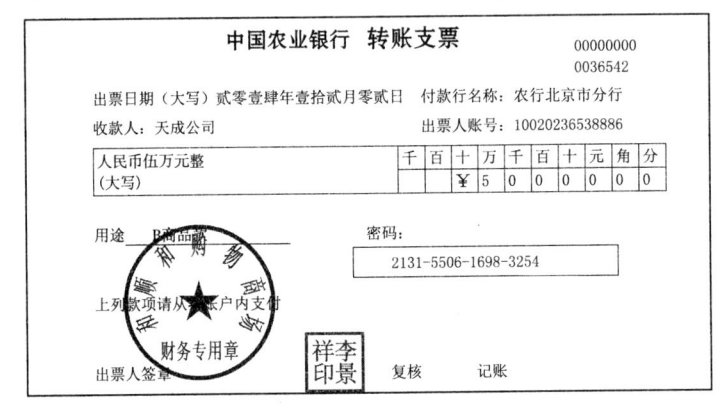

图5-12 收到的转账支票（正面）

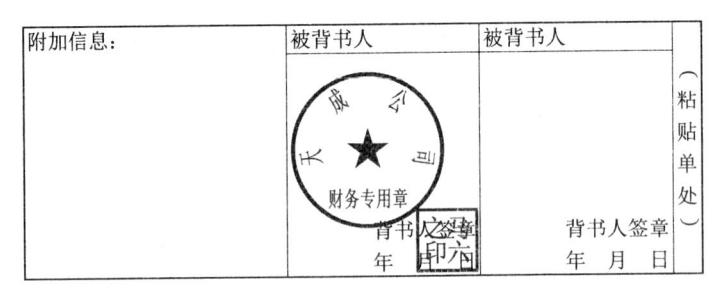

图5-13 收到的转账支票（背面）

（2）如果对方要求打印收据，出纳需填写一张收据（如图5-14所示）。

（3）据转账支票填写一组进账单（一般一式两联）（如图5-15所示）。

（4）转账支票背面第一个背书人处盖上本单位预留银行印鉴。

（5）去银行非现金区，把进账单和转账支票一同交给银行柜员。

(6)银行柜员录入相关信息,在进账单上盖章,回单联退给入账单位。

(7)单位凭回单记账。

收　据

2014年12月2日　　　　　　　　　　　№0020322

今收到	和顺和购物商场
交　来	B商品款
人民币(大写)	伍万元整　　　　　　　　¥50000.00
备　注	农行转账支票一张,票号0036542

收款单位盖章(成公司财务专用章)　　收款人:刘美美　　交款人:孟津

第二联　记账联

图5-14 收据

工商银行**进账单**(回单或收账通知)　　1

2014年12月2日　　　　　　　　　　第 02 号

收款人	全称	天成公司	付款人	全称	和顺和购物商场
	账号	11020236587456888		账号	10020236538886
	开户银行	工行北京市支行		开户银行	农行北京市分行

人民币(大写)	伍万元整		百	十	万	千	百	十	元	角	分
		¥		5	0	0	0	0	0	0	0

票据种类	转账支票	收款人开户行盖章
票据张数	1	(中国工商银行股份有限公司北京分行 2014.12.02 核算用章 071)

单位主管		会计	
复　核		记账	

图5-15 工商银行进账单

97

遇到空头支票怎么办

美美取完款后,想了想,发工资需要很多零钱,就抽出5张百元大钞,换成1元、5元、10元的零钱,又换了2000元50元面额的零钱,然后和小李带着钱回到单位,把钱放入了保险柜。美美通知大家领工资,等发完工资已经中午了。

美美这半天都处于神经紧张的状态,这会儿下班吃完饭,放松下来,又想起上午取现的事,想着想着,突然心头一跳,冒出一个想法:要是取现的时候账户里没那么多钱怎么办?看支票背面写有"根据《中华人民共和国票据法》等法律法规的规定,签发空头支票由中国人民银行处以票面金额5%但不低于1000元的罚款"又是怎么回事呢?美美想不明白,就坐到电脑前查起资料来。

1.什么是空头支票

空头支票,是指支票持有人请求付款时,出票人在付款人处实有的存款不足以支付票据金额的支票。

《中华人民共和国票据法》第八十七条规定:支票的出票人所签发的支票金额不得超过其付款时在付款人处实有的存款金额。出票人签发的支票金额超过其付款时在付款人处实有的存款金额的,为空头支票。禁止签发空头支票。

这就要求出票人自出票日起至支付完毕止,保证其在付款人处的存款账户中有足以支付支票金额的资金。

2. 签发空头支票的处罚

《票据管理实施办法》第三十一条规定：签发空头支票或者签发与其预留的签章不符的支票，不以骗取财物为目的的，由中国人民银行处以票面金额5%但不低于1000元的罚款；持票人有权要求出票人赔偿支票金额2%的赔偿金。

《中华人民共和国票据法》第一百零二条规定，有下列票据欺诈行为之一的，依法追究刑事责任：

（一）伪造、变造票据的；

（二）故意使用伪造、变造的票据的；

（三）签发空头支票或者故意签发与其预留的本名签名式样或者印鉴不符的支票，骗取财物的；

（四）签发无可靠资金来源的汇票、本票，骗取资金的；

（五）汇票、本票的出票人在出票时作虚假记载，骗取财物的；

（六）冒用他人的票据，或者故意使用过期或者作废的票据，骗取财物的；

（七）付款人同出票人、持票人恶意串通，实施前六项所列行为之一的。

《中华人民共和国票据法》第一百零三条规定：有前条所列行为之一，情节轻微，不构成犯罪的，依照国家有关规定给予行政处罚。

假如，12月8日上午，单位工行存款户余额为9800元，出纳美美刚接到电话，下午可能A公司会汇入100000元。这时同城的甲公司来结货款50000元，美美觉得下午钱肯定能到账，就给甲公司开了一张50000元的转账支票。开支票的时候，美美知道账户余额不足以支付50000元，这50000元的支票就属于空头支票。

如果甲公司上午拿着支票去银行取款，银行就会按天成公司开具空头支票处理，予以罚款；如果凑巧下午的时候A公司把款项汇入后，甲公司去银行取款，银行就不会觉察是空头支票，会正常付款给甲公司。但是这只是一种侥幸，不推荐这种做法。

"哦，空头支票是这么回事啊，还要罚款，以欺骗为目的签发空头支票还要追究刑事责任，太可怕了，以后我填支票前一定要注意一下银行存款余额！"美美心里嘀咕着，也没忘记把今天在网上查到的内容整理到笔记本中。

第 6 章

小心驶得万年船——发票管理

本章知识点

发票是指在购销商品，提供或者接受服务以及从事其他经营活动中，开具、收取的收付款凭证。

发票的基本联次包括存根联、发票联、记账联。存根联由收款方或开票方留存备查；发票联由付款方或受票方作为付款原始凭证；记账联由收款方或开票方作为记账原始凭证。

发票的基本内容包括：发票的名称、发票代码和号码、联次及用途、客户名称、开户银行及账号、商品名称或经营项目、计量单位、数量、单价、大小写金额、开票人、开票日期、开票单位(个人)名称(章)等。

第 6 章
小心驶得万年船——发票管理

美今天闲来无事,在网上浏览,看到一则关于人民币鉴别的信息——如何识别假币。对普通人来讲,识别假币最简单的方法可以概括为一看二摸三听四测:一看,钞票的水印是否清晰、有无层次感和立体效果,看安全线,看整张票面图案是否统一;二摸,现在的人民币均采用了凹版印刷,触摸票面上凹印部位的线条,是否有凹凸感;三听,钞票纸是特殊纸张,挺括耐折,用手抖动会发出清脆的声音;四测,用紫光灯检测无色荧光反映,用磁性仪检测磁性印记,用放大镜检测图案印刷的接线技术及底纹线条。

还有更专业的鉴别手段,如水印识别、凹印技术识别、荧光识别、安全线识别……

美美看着,觉得受益匪浅,突然想起自己经手的发票会不会也有假的,怎么鉴别呢?

我来鉴别发票真伪

美美心中惦记着这个事：万一我收到假发票，公司就损失了。不行，我得上网查查，发票能不能鉴定真伪？能的话，要怎么进行鉴别呢？

带着疑问，美美在网上搜索"发票真伪辨别"，搜索出来的信息还真多，美美一条一条地看起来。看了十几条后，发现大部分鉴别方法相同，美美在笔记本上总结了几条常见又实用的鉴别方法。

首先，看发票监制章，发票监制章是识别发票真伪的重要标志。发票监制章，形状为椭圆形，长轴3厘米，短轴2厘米，边宽0.1厘米，内环加刻一细线，上环刻制"全国统一发票监制章"字样，下环刻制"国家税务总局监制"或者"地方税务局监制"字样，中间刻制国税、地税机关所在的省市全称或简称，字体为正楷，印色为大红色；发票监制章在紫外线灯照射下，呈橘红色荧光反映，用一般的验钞机就可以验出来；发票专用章套印必须在发票联的票头正中央。

其次，看发票联是否采用有"SW"字样防伪专用纸来识别。发票用纸是国家税务总局统一供应的用纸，这种纸的水印图形能看出外框为6.3厘米×2.9厘米的菱形图案，中框为税徽轮廓，内有税务二字的拼音字头"SW"组成的字体，图案间隔分布均匀。

第三，看发票的版本。我国发票会不定期换版，如果已经换版本有一段时间了，对方还是用老版本发票，那就有可能是假的。

第四，如果有发票防伪鉴别仪器，用发票防伪鉴别仪器识别防伪油墨，看其是否是统一的防伪油墨。这些防伪措施也是识别发票真伪的重要依据。

美美整理完后，觉得还欠缺点什么，到底是什么呢？"哦，我还没经过实践，也不知道总结的对不对。"

但是美美心中有"知识提款机"，想到这里，美美以风一样的速度来到雯姐面前。

"雯姐，你看看，我对发票真伪鉴别的总结适用吗？"

"哪来的？"

"网上找的资料，我总结的。"

雯姐接过美美的笔记，细心地看了一遍。

"还不错，常用的发票鉴别也就这几方面了，关键平时多看多观察，在拿到发票时多多留意。"

"知道了。谢谢雯姐。"

雯姐随手又往前翻了几页，笔记上有自己平时教的，还有美美总结的，非常详细。而且纸张已经有点发旧，边缘已经微皱，一看就知道是经常翻阅造成的。

雯姐会心地笑了。

发票来头有问题

美美每次遇到问题，雯姐都会把与其相关的许多方面需要注意的问题提示出来。这不，雯姐又提了一个问题。

从倩影公司购入B商品，发票由倩依依公司开具，发票真伪鉴别为真，这个发票可以入账吗？原因是什么？

当然不可以。

因为依据《发票管理办法实施细则》中的相关规定，除特殊情况，必须由收款方向付款方开具发票。雯姐说的这种情况收款方是倩影公司，那么发票就应该由倩影公司开具，而倩影公司却给的是倩依依公司开具的发票，所以这张发票不合法，不能用以入账。

【任务19】2015年1月6日从倩影公司购入B商品，货款已经支付，发票如图6-1所示，审查发票能不能入账。

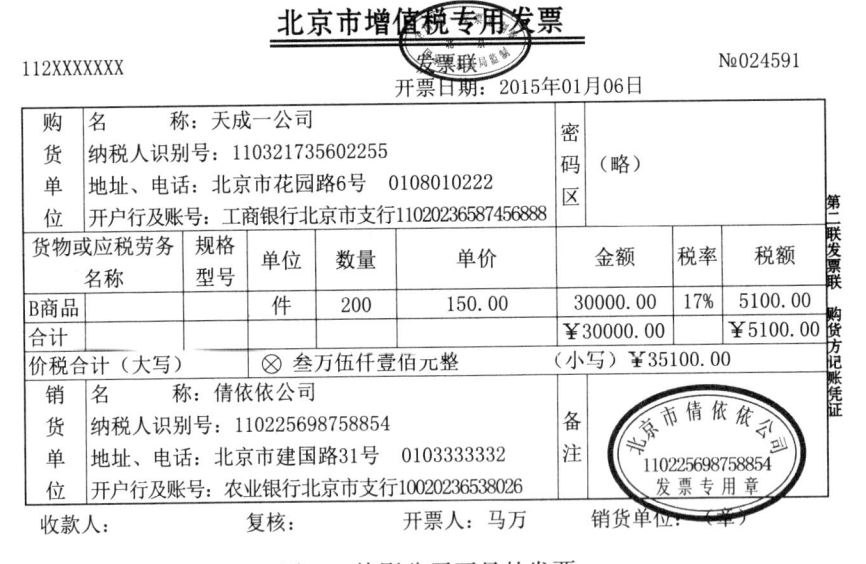

北京市增值税专用发票

112XXXXXXX　　　　　　　　　　　　　　　№024591

开票日期：2015年01月06日

购货单位	名　称：天成一公司　　纳税人识别号：110321735602255　　　　　　　　　　　　　　　　　　　　　　　　　　　　　　　　　　　　　　　地址、电话：北京市花园路6号　0108010222　　　　　　　　　　　　　　　　　　　　　　　　　　　　　　　　开户行及账号：工商银行北京市支行11020236587456888	密码区	（略）
货物或应税劳务名称	规格型号	单位	数量	单价	金额	税率	税额
B商品		件	200	150.00	30000.00	17%	5100.00
合计					¥30000.00		¥5100.00
价税合计（大写）	⊗ 叁万伍仟壹佰元整	（小写）¥35100.00
销货单位	名　称：倩依依公司　　　纳税人识别号：110225698758854　　　　　　　　　　　　　　　　　　　　　　　　　　　　　　　　　　　　　　　地址、电话：北京市建国路31号　0103333332　　　　　　　　　　　　　　　　　　　　　　　　　　　　　　　开户行及账号：农业银行北京市支行10020236538026	备注	（北京市倩依依公司 110225698758854 发票专用章）

收款人：　　　复核：　　　开票人：马万　　　销货单位：（章）

图6-1　倩影公司开具的发票

【行动过程】

（1）检查发票的真伪。

（2）看发票的接收单位（购货单位）是否是本公司。

（3）看发票开票日期是否是当前日期或近期。

（4）看发票开具单位是否是收款方（销货单位）。

（5）看发票专用章和收款方名称是否一致。

（6）看所购货物和入库单是否相符。

（7）看数量乘以单价是否等于金额。

（8）看合计数是否正确，金额大小写是否一致，开票人是否签字等。

材料入库单

供应单位：倩影公司
发票号码：024591　　　　2015年1月6日　　　　第018号

材料编号	材料名称	规格	计量单位	数量 交库	数量 实收	单价	金额	备注
	A商品		件	200	200			

仓库负责人：李权　　　　验收人：马甲

图6-2 材料入库单

中国工商银行
转账支票存根
No.33888995
附加信息 _____
　　　　 _____

出票日期 2015年1月6日

收款人：倩影公司
金额：￥35100.00
用途：A商品款

单位主管马六　会计于雯

图6-3 转账支票存根

这张发票（如图6-1所示）出现的错误有：

（1）购货单位错误：天成公司开成了天成一公司。

（2）货物名称错误：入库单（如图6-2所示）为A商品，发票开的是B商品。

（3）发票开具单位错误：转账支票上收款单位和入库单上的供

应单位均为倩影公司，也就是从倩影公司购入的货物，应该由倩影公司开具发票，但是收到的发票却是倩依依公司开具的。

《中华人民共和国会计法》第十四条规定：会计机构、会计人员必须按照国家统一的会计制度的规定对原始凭证进行审核，对不真实、不合法的原始凭证有权不予接受，并向单位负责人报告；对记载不准确、不完整的原始凭证予以退回，并要求按照国家统一的会计制度的规定更正、补充。

原始凭证记载的各项内容均不得涂改；原始凭证有错误的，应当由出具单位重开或者更正，更正处应当加盖出具单位印章。原始凭证金额有错误的，应当由出具单位重开，不得在原始凭证上更正。

> **注意**
>
> 原始凭证开具单位应依法开具准确无误的原始凭证，对于填制有误的原始凭证，原开具单位有更正和重新开具的法律义务，不得拒绝。

这张发票出纳可以直接拒收，因为购货单位已经错了，就没必要再继续审核；也可报告给会计主管，由会计主管决定是报告单位负责人还是直接退回，由倩影公司重新开具发票。

雯姐拿着一组票据进行了详细的讲解，列举了上述情况，美美看着实物，直观地理解了发票的审核程序和应该注意的问题。

美美又学到了新知识，心里甭提多美了。每次请教都会有收获，美美心中也暗暗庆幸自己遇到了一个好领导、好老师、好姐姐。

第 6 章
小心驶得万年船——发票管理

买卖物品开发票

美美学习了很多关于发票方面的知识，学得越多，了解得也越多，随着知识积累越来越丰富，想法也跟着多了起来。这不，善于思考的美美又想到了一个问题：什么经济事项要开什么样的发票呢？美美已经了解了发票是指购销商品、提供或者接受劳务和其他经营活动中，开具、收取的收付凭证，由税务机关统一印制、发放和管理，纳税人根据经营范围向税务机关领购相关发票。

发票种类有很多，平时遇到最多的为普通发票和专用发票。专用发票特指增值税专用发票（如图6-4所示），是国税管辖的；普通发票分为国税发票和地税发票（如图6-5、图6-6所示）。国税普通发票有：商业、工业、免税、机动车、电脑版普通发票等；地税的普通发票有：服务业、租赁业发票等。

北京市增值税专用发票

162XXXXXXX　　　　　　　　　　　　　　　　　　　　　№024591

开票日期：2015年01月06日

购货单位	名称：天成公司
	纳税人识别号：110321735602255
	地址、电话：北京市花园路6号　0108010222
	开户行及账号：工商银行北京市支行11020236587456888

密码区：（略）

货物或应税劳务名称	规格型号	单位	数量	单价	金额	税率	税额
A商品		件	200	250.00	50000.00	17%	8500.00
合计					¥50000.00		¥8500.00

价税合计（大写）　⊗ 伍万捌仟伍佰元整　　（小写）¥58500.00

销货单位	名称：倩依依公司
	纳税人识别号：110225698758854
	地址、电话：北京市建国路31号　0103333332
	开户行及账号：农业银行北京市支行10020236538026

收款人：　　　　复核：　　　　开票人：马万　　　　销货单位：（章）

图6-4 增值税专用发票

北京市国家税务局通用机打发票（B）

识别码 47WPN9 DX98WT

发票联

发票代码 111001224220
发票号码 00002222

开票日期：2014年10月05日　　　行业分类：　工业　　　　　　00002222

付款单位名称：	天成公司			
货物或劳务名称	规格型号	数量	单价	金额
污水处理费（3季度）		500	1.50	750.00
合计金额：	柒佰伍拾元整		金额（小写）	￥750.00
收款单位名称：	北京市绿溪污水处理有限公司			
收款单位税号：	11021245698754		开票人：宋一	

第一联　发票联

图6-5　国税发票

河北省地方税务局通用定额发票01

发票联

发票代码：213001130057

发票号码：16000001

发票密码：

壹佰元

适用行业：服务业、娱乐业、金融保险业

冀地税票认证服务中心2011年9月印500万份14000001-19000000

图6-6　地税定额发票

发票最主要的作用有两个：一是经营活动的原始凭证，这既是买方的支出证明，同时也是卖方的收入证明，是单位和个人生产经营会计核算的重要凭证；二是买方维权的合法凭证，万一质量有问题时，就可以索赔。

第 6 章
小心驶得万年船——发票管理

所以单位在购买物品时要索要发票,在销售商品时销货方也要主动给购买方开具发票。

【任务20】2015年1月9日美美去千禧购物商场购买账簿5本,记账凭证10本。

【行动过程】

(1)选中自己所需商品。

(2)计算总价款,并付款。

(3)索要发票(如图6-7所示,注意要的是发票联,如果是增值税专用发票,有两联,即发票联和抵扣联)。

(4)检查发票。

北京市国家税务局通用机打发票(B)

识别码 47WPN9 DX98WT

发 票 联

发票代码111001224220
发票号码00166622

开票日期: 2015年01月09日

行业分类: 商业

00166622

付款单位名称:	天成公司			
货物或劳务名称	规格型号	数量	单价	金额
账簿		5	12.00	60.00
记账凭证		10	5.00	50.00
合计金额:	壹佰壹拾元整	110000000011111	金额(小写)	¥110.00
收款单位名称:	北京市千禧购物商场			
收款单位税号:	110000000011111		开票人: 宋利民	

第一联 发票联

图6-7 千禧购物商场发票

【任务21】2015年1月9日销售员小马转来销货单,销售给北京艾劳拉公司S商品500件，收转账支票金额50000元，客户要求开具增值税专用发票。

【行动过程】

（1）艾劳拉公司是第一次开增值税专用发票，所以要提供营业执照副本复印件、国税一般纳税人证书复印件、组织机构代码副本复印件、银行开户许可证复印件、经手人身份证复印件。

（2）插入IC卡，双击桌面"防伪开票"图标，点击"进入系统"。

（3）选择操作员（开票员），输入口令，单击"确认"按钮（有的没有设口令，可直接单击"确认"按钮），如图6-8所示。

图6-8 操作员登录

（4）因为艾劳拉公司是第一次开具增值税专用发票，S商品也是新进商品，系统中还没有此商品，所以要先进行系统设置（如果购货单位信息和商品已经录入系统，就不用再进行系统设置，直接进入"发票管理"，进行开票）。点击"系统设置"，点击"客户编码"，如图6-9所示。进行"客户编码"设置。点击右上角"+"增加行，输入要开票单位的资料，把资料填写完整，填全购货单位名称、税号、地址、电话、开户行、账号（"客户编码"主要用于输入和存储购货企业的基本开票信息，便于企业日常开票使用。操作较为简单，按照操作提示进行操作即可），输入完毕点击右上角"√"后，退出，如图6-10所示。

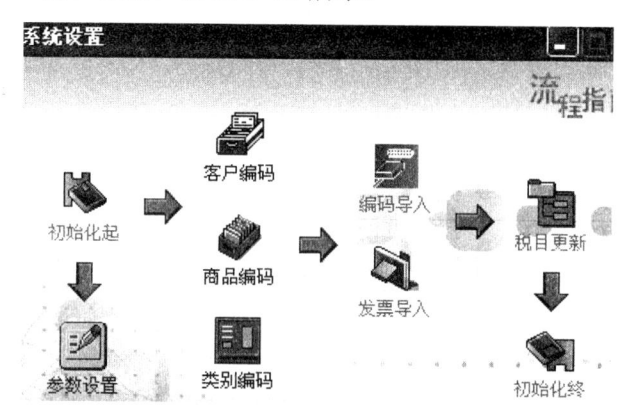

图6-9 客户编码

图6-10 客户编码设置

（5）进行"商品编码"设置。点击"商品编码"，操作同客户编码设置，点击右上角"+"增加行，录入商品名称、商品税目（税率会自动带出）、单位等资料（"商品编码"主要用于输入和存储企业开出商品的基本资料），输入完毕点击"√"，退出。根据以上资料在开票系统"系统设置"建立客户资料和商品资料。

（6）点击"发票管理"，选择"专用发票填开"，如图6-11所示。看到所填的发票号后，核对将要开出的纸质发票的种类、代码和号码是否与提示上一致，如一致，点击"确认"进入发票填开。日期默认当天日期,不能输入或修改。输入单位名称:按"▼"键选择单位名称,单位其他信息随之带出。选择商品名称(有选择滑块):双击商品名称下面空白行处,出现"…",点击此图标,进入商品编码信息,选择所需商品名称,双击后随之带出商品名称、规格型号、计量单位、税率,输入数量、不含税单价(如果单位定价都是含税单价,光标在单价位置,然后点击"税价格"图标,单价变为含税单价,这样就可以直接输入含税单价),回车后,金额和税额自动计算出来。如果还有需开票的商品,点击右上角"+",增加一行,按上个商品输入法继续输入,直到所有商品开具完毕,点击"√"确定,收款人、复核人可以不用输入,开票人自动显示登录时选择的开票人名字,发票备注填写购货单位经手人姓名及身份证号,也可以开完发票后在备注栏手工书写姓名及身份证号码,如图6-12所示。

图6-11 发票管理页面

第 6 章
小心驶得万年船——发票管理

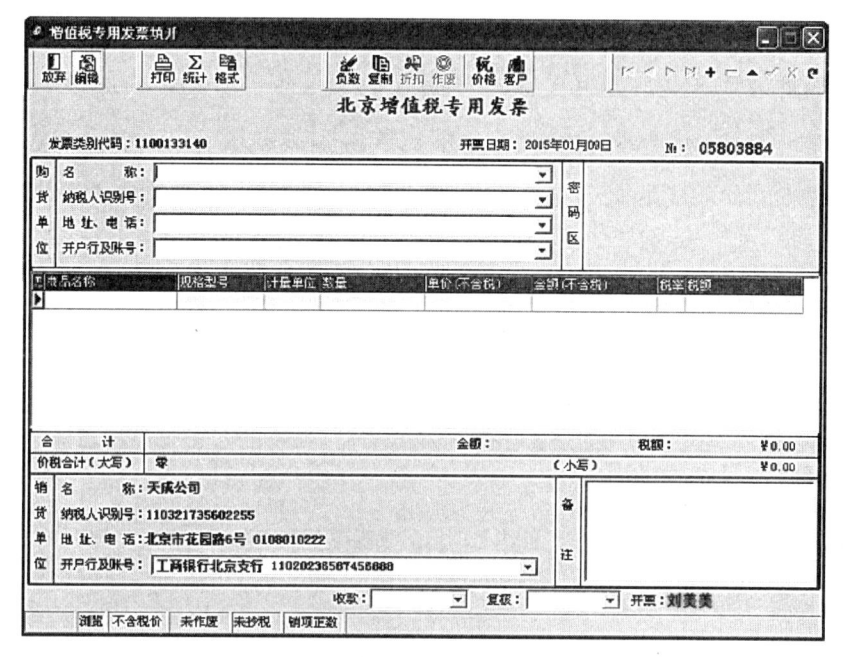

图6-12 增值税专用发票填开页面

（7）打印发票。填写完成后，认真复核发票内容，确认没有错误后，把发票放入打印机，点击标题栏上的"打印"图标，弹出"发票打印"对话框后，再点击对话框上的"打印"，发票开具就完成了。

> **注意**
>
> 打印发票时需要特别注意：①找到打印发票机卡的位置（第一次使用开票软件的时候已经调试好）；②发票号码与打印的号码必须一致；③发票几联对齐，方可放入打印机中；④打印机打印层数应放在三层位置；⑤密码一定要打印在密码区（如果密码有没完全在密码区，发票作废重开）。

（8）发票开出后应加盖发票专用章（图6-13、图6-14为开出的发票）。

（9）记账联交会计记账，发票联和抵扣联交购货单位。发票存根联上签上收到发票人的姓名和身份证号码，无存根联在记账联上签。

> **注意**
>
> 增值税专用发票的单价为不含税单价。
>
> 一张增值税专用发票只能开具8种商品，即开8行，如果商品超过8种，要使用发票清单开具。
>
> 增值税专用发票有开票限额，一张发票开票金额不能超过税务局核定的开票限额。

北京市增值税专用发票

发票联

1100132140　　　　　　　　　　　　　　　　　　　No03333333

开票日期：2015年01月09日

购货单位	名　称：北京艾劳拉公司 纳税人识别号：110321735601111 地址、电话：北京市云岭路6号 0108010000 开户行及账号：工商银行北京市分行11020236587450000	密码区	7<>><<883225*//*<*<4*1 加密版本：01 8010108-/3031>868//+1 1100132140 >108-<3*8+3+275-09692 03333333 41</68/+660)+>*9>>51

货物或应税劳务名称	规格型号	单位	数量	单价	金额	税率	税额
S商品		件	500	85.4700854	42735.04	17%	7264.96
合计					¥42735.04		¥7264.96
价税合计（大写）		⊗ 伍万元整		（小写）¥50000.00			

销货单位	名　称：天成公司 纳税人识别号：110321735602255 地址、电话：北京市花园路6号 0108010222 开户行及账号：工商银行北京市支行11020236587456888	备注	马静明110221197505050505 （天成公司 110321735602255 发票专用章）

收款人：　　　　复核：　　　　开票人：刘美美　　　　销货单位：（章）

图6-13 发票的发票联

北京市增值税专用发票

1100132140　　　抵扣联　　　№03333333
开票日期：2015年01月09日

购货单位	名　　称：北京艾劳拉公司 纳税人识别号：110321735601111 地址、电话：北京市云岭路6号　0108010000 开户行及账号：工商银行北京市分行11020236587450000	密码区	7<><<883225*//*<*<4*1 加密版本：01 8010108-/3031>868//+1 1100132140 >108-<3*8+3+275-09692 03333333 41/</68/+660)+>*9)>51

货物或应税劳务名称	规格型号	单位	数量	单价	金额	税率	税额
S商品		件	500	85.4700854	42735.04	17%	7264.96
合计					¥42735.04		¥7264.96

价税合计（大写）　⊗ 伍万元整　　（小写）¥50000.00

销货单位	名　　称：天成公司 纳税人识别号：110321735602255 地址、电话：北京市花园路6号　0108010222 开户行及账号：工商银行北京市支行11020236587456888	备注	（发票专用章）

收款人：　　复核：　　开票人：刘美美　　销货单位：（章）

图6-14 发票的抵扣联

学习发票的验旧购新

这一天，美美开完最后一张增值税专用发票，系统显示"读取号码失败"，美美明白是专用发票没有了，需要准备资料，去税务购买新的发票了。

《中华人民共和国发票管理办法》第二十七条规定：开具发票的单位和个人应当建立发票使用登记制度，设置发票登记簿，并定期向主管税务机关报告发票使用情况。

根据这项规定，税务机关要求纳税人实施验旧购新的方式领购发票。税务机关在验旧购新时可以及时检查发票使用的正确性和合法性，检查其应纳税款有无及时足额申报纳税，尤其对实行定期定额的纳税人，可以及时掌握其定额缴纳的税款是否合理，以便及时调整定额。

【任务22】2015年1月23日增值税专用发票全部开完，需要购买新的增值税专用发票。

【行动过程】

（1）点开"报税处理"，点击"发票资料"，如图6-15所示。

图6-15 发票资料

（2）选择"发票查询"，发票种类选"专用发票"，月份选择"1月份"，查询选项选择"正数发票清单"，单击"确定"按钮，如图6-16所示。

小心驶得万年船——发票管理

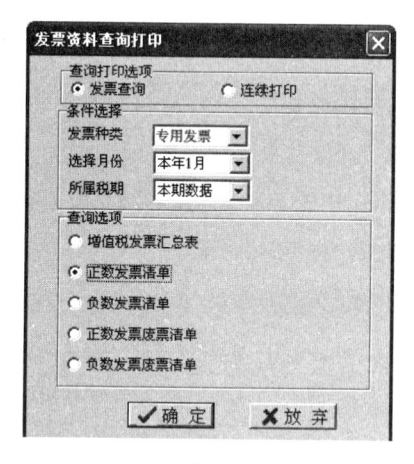

图6-16 发票资料查询打印

（3）点击"打印"，出现打印界面后再点击"打印"，然后点击"放弃"，返回到（2）步图片显示界面。如果上次购买的发票中开具有负数发票、作废发票，就分别选择"负数发票清单"等，按"正数发票清单"打印步骤继续打印；如果没有，就不需要打印了。如图6-17所示。

图6-17 打印发票清单

（4）把打印出来的清单中的发票号码与发票领购簿核对，发票领购簿中显示的上次领购的发票号要在清单中全部显示，核对相符后在清单上盖上公章。

（5）带上发票领购簿、清单（盖公章）、IC卡、作废发票（联次齐全并盖有作废章）、购票员证，去国税局验旧并领购新的发票。

> **注意**
>
> 如果上次所购买的发票是在两个或两个以上月份开具完的，其他各月打印清单方法为选取相应月份，再进行打印。
>
> 月份选择范围：上年12月至本年12月。所以到年底的时候，如果发票还没有使用完，在本年12月以前开具过本次领购的发票，要记得先把12月以前开具的发票正数发票、负数发票、作废发票等清单打印出来。如果12月以前的忘记打印，那只能带着12月以前的开具发票存根（没存根的带着记账凭证及所附发票记账联）和12月以后的打印清单办理验旧。
>
> 如果单位普通发票使用的是增值税普通发票，资料准备同增值税专用发票，只是要到国税局填写审批表进行审批签字，然后验旧购新。

【任务23】 2015年1月23日普通发票全部开完，需要购买新的发票。

【行动过程】

（1）准备好验旧购新所需资料。

手写版普通发票验旧购新需要提供的资料为：发票领购簿、已用发票存根联、《普通发票验旧表》。

机打普通发票验旧购新需要提供的资料为：如果公司开通网上申报纳税的，可以在网上验旧；公司没开通网上报税的，打印出发票使用情况报告表，将开票数据导入U盘，包括作废发票（联次齐全的）和最后一张发票。

（2）准备好所需的纸质资料，盖上发票专用章，带齐资料和U盘去国税局大厅验旧购新。

因为公司没有开具作废发票和负数发票，所以美美打印出"正数发票清单"并盖上公章，和购领簿中发票号码核对相符后，带上"正数发票清单""发票购领簿""IC卡",去国税局办税大厅验旧并购买了30组专用发票,放入保险柜中保存起来。

(3)插入IC卡,打开开票系统,点击"发票读入",把发票领购信息读入系统,如图6-18所示。

图6-18 发票读入

美美读入发票后,突然又想起一个问题:发票验旧购新有没有时限呢,如果超过了时限怎么办?

一般情况下,税务局在核定企业领用发票数量的时候,第一次限定最多5份,以后根据每月具体使用情况和企业自己据实际情况所提出的申请,再审批增加领购发票数量,而且在发票使用完成后进行验旧,验旧之后才能购领新的发票,所以一般不会超过时限。

按照《国家税务总局关于进一步加强普通发票管理工作的通知》(国税发〔2008〕80号)文件规定:合理控制发票发售数量。对初次申请领购发票或者一年内有违章记录的纳税人,其领购发票的数量应控制在1个月使用量范围内；使用发票比较规范且无发票违章记录的纳税人，可适当放宽，但最多不得超过3个月的使用量；企业冠名发票的审批印制数量控制在不超过1年使用量范围内；对定期定额户应供应小面额发票，并及时根据使用情况调整供应量和纳税定额。

> **注意**
>
> 机打发票要求企业每个月月初都要去国税局验旧。手写普通发票、增值税普通发票和专用发票，使用完验旧购新，一般不会超过3个月的验旧时限，但是一旦出现超过3个月验旧时限，税务专管员会通知企业每个月都去国税局进行验旧，或者把没开具的发票作废后去国税局验旧。

我做发票的进项税抵扣

时间飞转，不知不觉又到了月末。美美一大早心情舒畅，哼着小曲来到公司，想了想今天该办的业务，重中之重是认证发票，如果这个月底之前不认证的话，就不能抵扣了。但是美美没有着急，这个月公司安装了增值税专用发票认证系统，认证发票不用跑税务局，在公司就能进行。美是美，但是美美也不敢马虎，还得先认证，毕竟第一个月用，心里没底，万一不行，还能"求助"税务局。

美美赶紧打开电脑，连上扫描仪，准备好要认证的发票抵扣联。

第 6 章
小心驶得万年船——发票管理

【任务24】 2015年1月28日，认证增值税专用发票抵扣联，共5张。

【行动过程】

（1）准备好要认证的发票抵扣联。

（2）连接扫描仪，打开桌面"防伪认证"图标，输入用户名和密码，点击"登录"。

（3）把要认证的发票放入扫描仪，点击"扫描"，显示"通过"，即为认证成功，可以在本月抵扣。

（4）重复第（3）步的操作，直至所有发票认证完毕。

（5）打印《认证结果通知书》和认证清单，连同所认证的发票抵扣联一起装订。

> **注意**
>
> 要精心保管进项发票，不得折叠、揉搓，不得在发票上随意写画，在办理认证前不得粘贴、装订。
>
> 发票有污渍、褶皱、揉搓或不清晰的，要及时向开票方更换。
>
> 对由于污渍、褶皱、揉搓等原因无法辨认，导致防伪税控认证系统无法认证的发票，要及时联系开票人进行退票重开（跨月的发票认证不了的需开票方开具红字发票后再重新认证）。
>
> 一般纳税人应在需要认证的发票上注明：开票日期后的120日之内，持发票抵扣联进行发票认证。认证通过后必须在认证的当月抵扣税款，否则不得作为扣税凭证抵减进项税额。

美美小心翼翼地完成了第一次自行认证发票，"哦，太简单了，小意思！"美美心里想着，然后把认证通过的发票、认证结果通知单和认证清单装订完，在封皮上填写好时间、税额等情况，退出了认证系统。

发票在认证前不慎丢失

美美认证完发票后，忽然想起一件事：上学时老师讲过，只有认证通过的增值税专用发票才能记入应交税费——应交增值税（进项税额）。那今天认证的发票税额应该和本月进项税额相符。想到这，美美赶紧到会计那儿抄过来进项税进行了核对。

"咦，怎么不一样呢？账上是6张发票，可我认证了5张啊。"

美美一看认证的发票抵扣联少了1张，心里就一紧，"怎么又出错了呢？"

美美急出了汗，雯姐看到美美着急的样子，问："怎么了？"

"我认证的发票抵扣联少了1张。"美美尴尬地说。

"那张复印件你认证了吗？"雯姐问。

"什么复印件？"美美疑惑地问。

"就是小李报销的购买A商品的那张，不是把抵扣联丢了吗，给你的是发票联复印件。"雯姐提醒道。

"哦，没有，我怎么忘了呢！我这个月已经非常小心了，怎么还是出错了呢。"美美惭愧地回答。

美美赶紧打开认证系统，认证了这张发票复印件，重新打印了《认证结果通知书》和认证清单，连同前面认证的发票抵扣联一起重新装订。

第 6 章
小心驶得万年船——发票管理

【任务25】 2015年1月9日,小李报销购货单据时,发现所购货物开具的增值税专用发票只剩发票联了,抵扣联没有了。

【行动过程】

(1) 要求小李先寻找或咨询开票方是否遗忘没取。

(2) 确认发票抵扣联确实丢失后,复印发票联。

(3) 使用专用发票的发票联进行认证。

(4) 将专用发票发票联作为记账凭证,并将专用发票发票联复印件留存备查。

> **注意**
>
> 企业自行认证发票,最好在收到发票的时候就进行认证,避免最后认证不符或无法通过认证。

支票有挂失支付,发票是怎样的呢?美美想到这儿,赶紧查阅了相关资料。

根据《中华人民共和国发票管理办法实施细则》第三十一条规定:使用发票的单位和个人应当妥善保管发票。发生发票丢失情形时,应当于发现丢失当日书面报告税务机关,并登报声明作废。

如果专用发票丢失,应主要依据《国家税务总局关于修订〈增值税专用发票使用规定〉的通知》(国税发〔2006〕156号)中的相关规定处理:

一般纳税人丢失已开具专用发票的发票联和抵扣联,如果丢失前已认证相符的,购买方凭销售方提供的相应专用发票记账联复印件及销售方所在地主管税务机关出具的《丢失增值税专用发票已报税证明单》,如果丢失前未认证的,购买方凭销售方提供的相应专用发票记账联复印件到主管税务机关进行认证，认证相符的凭该专用发票记账联复印件及销售方所在地主管税务机关出具的《丢失增值税专用发票已报税证明单》，经购买方主管税务机关审核同意后，可作为增值税进项税额的抵扣凭证。

一般纳税人丢失已开具专用发票的抵扣联，如果丢失前已认证相符的，可使用专用发票发票联复印件留存备查；如果丢失前未认证的，可使用专用发票发票联到主管税务机关认证，专用发票发票联复印件留存备查。

一般纳税人丢失已开具专用发票的发票联，可将专用发票抵扣联作为记账凭证，专用发票抵扣联复印件留存备查。

如果普通发票丢失，各地税务管理机关在对普通发票遗失管理上略有不同，有的地方规定以税务机关认定过的发票复印件即可入账，而有的地方规定要开具红字发票，然后再开新发票，而有的地方规定只要重开新发票即可。因此，如果纳税人发生了丢失发票的情形，需要按照当地税务机关的具体规定来办理。

> **注意**
>
> 发票未开出即丢失的情况，可能会受到税务机关的处罚。

美美查完资料后，打电话咨询了税务专管员，把资料整理出来，记入笔记本中，也放在了心里。

开出的发票被退回

今天注定是不平静的一天,美美刚解决完认证发票事宜,电话就响了起来。

"喂,你好,天成公司财务部,请问你找谁?"美美拿起电话机械地说着。

"哦,我找刘美美。"

"我就是。"美美立刻认真起来。

"我是大雨公司的会计,你们公司这个月给我们开的增值税专用发票有一组没通过认证,能不能重新开一下。"

"行啊,你带齐你那两联发票过来吧。"美美回答。

【任务26】2015年1月30日,给大雨公司开具的发票没通过认证,被退回。

【行动过程】

(1)收回购货方手中的专用发票发票联和抵扣联。

(2)找齐自己公司的该份发票其他联,即这组发票的所有联次都凑齐。

(3)打开开票系统,在"发票管理"中选择"发票作废",选中要作废的发票,点击"作废"按钮,再点"确认",发票作废即完成(如图6-19所示)。

图6-19 选择作废发票

（4）在作废发票的所有联次上盖作废章。

（5）重新开具发票。

> **注意**
>
> 只有本月开错或发生退货的发票才可以直接作废，重新填开。
>
> 只有将所有发出的与作废发票有关的联次全部收回后才能作废发票。
>
> 已经作废的发票不能撤销作废，所以发票作废处理时一定要确认准确后再操作。

【任务27】2015年1月30日，给大成公司开具的发票商品名称开错（已认证并抵扣），被退回。

【行动过程】

（1）购货方去当地税务机关领取并填制《开具红字增值税专用发票申请单》（如图6-20所示），并在申请单上填写具体原因及相对应蓝字专用发票的信息，主管税务机关审核后出具《开具红字增值税专用发票通知单》，购买方作进项税额转出处理。

开具红字增值税专用发票通知单

填开日期：2015年1月30日　　　　　　　　　　　№110106140000000001

销货方	名称	天成公司		购买方	名称	大成公司	
	税务登记代码	110321735602255			税务登记代码	110106321333333	
开具红字专用发票内容	货物（劳务）名称	数量	单价	金额		税率	税额
	A商品	-100	100.00	-10000.00		17%	-1700.00
	合计	——	——	-10000.00		——	-1700.00
说明	一、购买方申请☑ 对应蓝字专用发票抵扣增值税销项税额情况： 　1. 需要做进项税额转出☑ 　2. 不需要做进项税额转出□ 　　（1）无法认证□ 　　（2）纳税人识别号认证不符□ 　　（3）增值税专用发票代码、号码认证不符□ 　　（4）所购货物不属于增值税扣税项目范围□ 对应蓝字增值税专用发票密码区内打印的代码： 　　　　　　　　　　　　　　　　　　号码： 二、销售方申请□ 　　（1）因开票有误购买方拒收的□ 　　（2）因开票有误等原因尚未交付的□ 对应蓝字增值税专用发票密码区内打印的代码： 　　　　　　　　　　　　　　　　　　号码： 开具红字专用发票理由：货物名称不符						

经办人：　倪永泽　　　负责人：　王勇　　　主管税务机关名称（印章）：北京市丰台区国家税务局篮务所

注：1. 本通知一式三联：第一联，申请方主管税务机关留存；第二联，申请方送交对方留存；第三联，申请方留存。
　　2. 通知单应与申请单一一对应。

图6-20 开具红字增值税专用发票通知单

（2）销货方在收到《开具红字增值税专用发票通知单》（简称"《通知单》"）和需开具红字发票的发票复印件后，开具红字专用发票即销项负数发票，做账时连同《通知单》一同下账。

操作过程：点开专用发票填开。并单击工具栏上的"负数"按钮，如图6-21所示。

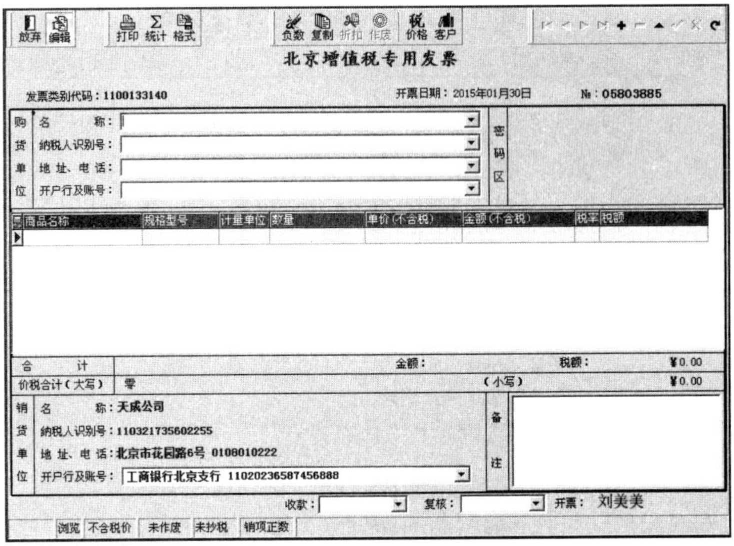

图6-21 专用发票填开页面

按提示输入开具红字增值税专用发票通知单号码,单击"下一步"按钮,然后依次输入相对应的销项正数发票代码和发票号码,输入两遍,点击"下一步"按钮,提示可以开具负数发票,点确认,如图6-22所示。

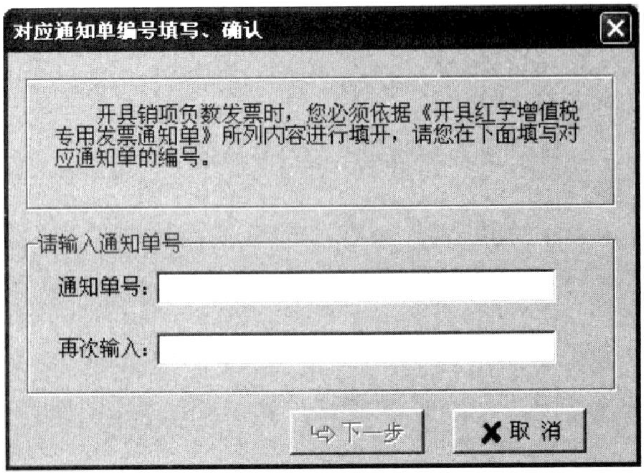

图6-22 发票代码填写

打印销项负数发票（如图6-23所示），连同《通知单》一同下账。

北京市增值税专用发票

1100132140 销项负数			发票联 开票日期：2015年01月30日					№03333341

购货单位
- 名　称：北京大成公司
- 纳税人识别号：110321735601111
- 地址、电话：北京市云岭路6号　0108010000
- 开户行及账号：工商银行北京市分行11020236587450000

密码区：
7<>/<883225*//*<*</25
加密版本：01
8050108-/3031>868//+1
1100132140
>108-<3*8+3+275-09>><
03333341
41/</68/+660>+>*9>1//2

货物或应税劳务名称	规格型号	单位	数量	单价	金额	税率	税额
A商品		件	-100	100.00	-10000.00	17%	-1700.00
合计					￥-10000.00		￥-1700.00
价税合计（大写）		⊗（负数）壹万壹仟柒佰元整				（小写）￥-11700.00	

销货单位
- 名　称：天成公司
- 纳税人识别号：110321735602255
- 地址、电话：北京市花园路6号　0108010222
- 开户行及账号：工商银行北京市支行11020236587456888

备注：开具红字增值税专用发票通知单号：1110614000000001

收款人：　　复核：　　开票人：刘美美　　销货：

图6-23　销项负数发票

（3）销货方重新开具正数发票。

大成公司会计拿来两联发票后，美美收齐需作废发票所有联次，看到发票开具日期是当月的，进行了作废操作，然后又给大成公司重新开具了一张发票。

使用发票销货清单

这天美美正准备下班,突然电话响了。

"喂,你好……"

还没等美美说完,对方就说了起来:"美美啊,你等我一会儿,我去你那儿开一张发票,今天急用。"

"嗯,好的。"美美刚说到这,对方就挂了电话。

"谁呢,真是急性子。"美美心想,"我还要和室友出去玩呢!"

美美打开电脑,打开开票系统,从保险柜中拿出所需发票,耐心等着。

"咚、咚……"有人敲门。

"请进。"

门开了,进来一个帅气的小伙子。

"哎呀,是你啊。我说谁这么不客气呢?"美美笑着说。

"连我的声音都忘记了……"原来是室友的男朋友小王。

"别逗了,赶紧干正事,今天月底,我们进项税还不够呢,今天你要是不给我开发票,我就惨了。"小王催促道。

"把销货单给我吧。"美美也严肃起来,正经地说道。

【任务28】2015年1月31日,艾莱依哇公司开具增值税专用发票,货物品种10种。

【行动过程】

(1)步骤同开具增值税专用发票,选择好开票单位,光标停在商品名称处,单击"清单"按钮。

(2) 打开销货清单填开界面, 逐项输入各种商品名称 (选择输入)、数量、单价 (系统默认不含税单价, 如果想直接输入含税单价, 要在点击"清单"前先把单价变为含税单价), 回车, 然后点右上方"+"符号增加一行, 再接着输入下一种商品的相关信息, 如图 6-24 所示。

图6-24 销货清单填开界面

(3) 全部商品信息输入完毕, 单击"退出"按钮, 回到发票填开界面, 商品名称处显示"详见销货清单", 金额、税额自动汇总计算后显示在相应位置, 审核总金额无误后, 单击"打印"按钮。

(4) 发票打印完毕, 单击"发票查询"按钮, 找到相应发票, 单击"打印"按钮, 选择"发票清单", 然后根据提示操作即可, 如图 6-25 所示。

图6-25 发票打印

> **注意**
>
> 　　企业在销售商品填开增值税发票时,需要详细注明所售商品明细。如果企业经营项目众多,就要填开多张增值税专用发票。为减少增值税专用发票开具的工作量,降低增值税专用发票的使用成本,在开具增值税专用发票时允许使用开具"销货清单"。
>
> 　　防伪税控增值税专用发票的版式,是由国家税务总局统一制定的,因此纳税人在打印发票时,系统会自动使用内嵌的发票打印版式进行打印。

《国家税务总局关于修订<增值税专用发票使用规定>的通知》(国税发〔2006〕156号)规定:各级税务机关不再印制或提供《销货清单》,由企业直接从防伪税控中打出销货清单。清单的载体一般是具有复印功能的一式四联的空白纸张。

美美顺利地开完发票,小王感激地说:"今晚我请你吃饭。"

"切,本来就是你请我吃饭,今晚的不算,你欠我一顿。"美美说。

"行,谁让你帮我这么大的忙呢,我得回去先认证了,你们俩先订位子去,我一会儿就到。"小王说完,就一溜烟儿跑了。

第 7 章

会计操作心向往——往来款项

本章知识点

往来款项是指企业在生产经营过程中发生的各种应收、应付款项及预收、预付款项。

第 7 章
会计操作心向往——往来款项

美美的业务操作越来越熟练,刚参加工作时的忐忑心情与新奇感已经消失,每天晚上必看一遍的工作日志也记得滚瓜烂熟,工作日志也已经没有新内容。美美觉得出纳的业务自己已经学会了,而且能做得很好。

赊销欠款归它管

这天上午,美美正熟练地办理各项收付款业务,销售科小王带着蓝天购物商场的李经理来到财务室。美美面带微笑,对李经理说:"李经理,今天买了多少,支票结还是网上打款?"

李经理有点为难地看向小王,小王赶紧说:"哦,今天李经理不结款,先欠款。"

"等会儿啊,我问下雯姐都要什么手续。"美美第一次办理赊销,心里没底。

美美赶紧找雯姐说明了情况，雯姐耐心交代了几句，重点部分美美做了记录。

赊销的手续：

（1）赊销申请书，由业务员填写，经销售主管签字同意或者销售主管开具批条。

（2）赊销协议，双方单位负责人签字盖章，载明销售商品名称、规格型号、数量、单价、金额、付款期限与方式、违约责任等。

（3）客户资料，包括当年已经年检的营业执照副本复印件、税务登记证复印件、当年已经年检的开户许可证复印件等，在证件复印件上要加盖客户单位公章。

（4）赊购单位经手人填写的欠条，若没签订赊销协议，赊购单位应该在欠条上详细写明商品名称、规格型号、数量、单价、金额、付款期限与方式并盖上公章。

（5）销货清单。

美美咨询完后赶紧回来。

美美问："有赊销协议和赊销申请吗？"

"没有，有赊销批条。"

"雯姐审核了吗？"

"审了。"

美美接过批条，一一审核。购物数量与金额核对无误后，美美对李经理说："把营业执照、税务登记证、开户许可证复印件给我。"

美美看了看年检标志、证件中单位名称和公章是否一致，然后说："那你给我打个欠条吧。"

【任务29】2015年1月5日销货清单中注明：蓝天购物商场购

买 A 商品 500 件，单价 500 元（含税），总金额为 250000 元，签有销货协议，约定 1 个月内付款。

【行动过程】

（1）销售主管签字。

（2）财务主管签字。

（3）出纳收齐手续（销货清单、赊销申请书、销售协议及营业执照副本复印件、国税税务登记证复印件、开户许可证复印件），特别注意证件的年检标志和加盖的公章。

（4）购货方书写欠条（如图 7-1 所示）。

欠 条

我商场于2015年1月5日从天成公司购买A商品500件，每件500元，总金额人民币贰拾伍万元整（￥250000.00）货款尚未支付，于2015年2月5日前支付，付款后此条作废。

欠款人：蓝天购物商场

经手人：李万荣

2015年1月5日

图7-1 欠条

（5）根据销货清单开具发票。

（6）把发票记账联、赊销申请书和赊销协议交给会计入账，计入"应收账款"账户（欠款方还款后要求收回欠条，所以欠条要由出纳单独保管）。

（7）出纳据协议与欠条在备查簿中进行登记。

会计分录为：

借：应收账款——蓝天购物商场　　　250000
　　贷：主营业务收入——A商品　　　213675.21

应交税费——应交增值税（销项税额）　　36324.79

【任务30】2015年1月6日供应科李毅采购回来，交来购货发票、入库单、销售合同，款未付。

【行动过程】

（1）审核相关原始凭证。

（2）认证增值税专用发票抵扣联（如图7-2所示）。

（3）增值税专用发票发票联（如图7-3所示）、入库单（如图7-4所示）传递给会计入账，计入"应付账款"账户（购销合同一般单独保管，也可以用合同复印件一起入账）。

（4）出纳登记备查账。

北京市增值税专用发票

162XXXXXXX　　　　　　　　　　　　　　　　　　　No024591

开票日期：2015年01月06日

购货单位	名　称：天成公司
	纳税人识别号：110321735602255
	地址、电话：北京市花园路6号　0108010222
	开户行及账号：工商银行北京市支行11020236587456888

密码区：（略）

货物或应税劳务名称	规格型号	单位	数量	单价	金额	税率	税额
B商品		件	200	250.00	50000.00	17%	8500.00
合计					¥50000.00		¥8500.00

价税合计（大写）　⊗　伍万捌仟伍佰元整　　　（小写）¥58500.00

销货单位	名　称：倩依依公司
	纳税人识别号：110225698758854
	地址、电话：北京市建国路31号　0103333332
	开户行及账号：农业银行北京市支行10020236538026

备注：（北京市倩依依公司 110225698758854 发票专用章）

收款人：　　　复核：　　　开票人：马万　　　销货单位：（章）

图7-2　增值税专用发票抵扣联

北京市增值税专用发票

162XXXXXXX 　　　　　　　　　　　　　　　　　　　　　　　№024591

发票联　　　　　开票日期：2015年01月06日

购货单位	名　　称：天成公司 纳税人识别号：110321735602255 地址、电话：北京市花园路6号　0108010222 开户行及账号：工商银行北京支行11020236587456888	密码区	（略）

货物或应税劳务名称	规格型号	单位	数量	单价	金额	税率	税额
B商品		件	200	250.00	50000.00	17%	8500.00
合计					¥50000.00		¥8500.00

价税合计（大写）	⊗ 伍万捌仟伍佰元整	（小写）¥58500.00

销货单位	名　　称：倩依依公司 纳税人识别号：110225698758854 地址、电话：北京市建国路31号　0103333332 开户行及账号：农业银行北京支行10020236538026	备注	（北京市倩依依公司发票专用章）

收款人：　　　　　　复核：　　　　　　开票人：马万　　　　　　销货单位：（章）

图7-3 增值税专用发票发票联

材料入库单

供应单位：倩依依公司

发票号码：024591　　　　　2015年1月6日　　　　　第016号

材料编号	材料名称	规格	计量单位	数量 交库	数量 实收	单价	金额	备注
	B商品		件	200	200			

仓库负责人：李权力　　　　　　　　　验收人：王天宇

图7-4 材料入库单

会计分录为：

借：库存商品——B商品　　　　　　　　　　50000

　　应交税费——应交增值税（进项税额）　8500

　　贷：应付账款——倩依依公司　　　　　　58500

【任务31】任务29中假设蓝天购物商场来购物前已经于2015年1月2日预付了50000元货款。

【行动过程】

同任务29，但是入账科目变为"预收账款"，而不是"应收账款"，蓝天购物商场所打欠条（如图7-5所示）。

会计分录为：

借：预收账款——蓝天购物商场　　　　250000

　　贷：主营业务收入——A商品　　　　213675.21

　　　　应交税费——应交增值税（销项税额）　36324.79

欠　条

我商场于2015年1月5日从天成公司购买A商品500件，每件500元，总金额人民币贰拾伍万元整（￥250000.00），货款已于2015年1月2日预付人民币伍万元整（￥50000.00），余款将于2015年2月5日前支付，付款后此条作废。

欠款人：蓝天购物商场

经手人：李万荣

2015年1月5日

图7-5　欠条

【任务32】任务30中假设2015年1月3日已经预付货款20000元。

【行动过程】

操作同任务30，但是入账时，应该入"预付账款"，而不是"应付账款"（如果本公司原来就和这个公司有往来款项结算，原来记哪个科目，这次还记哪个科目）。

会计分录为：

借：库存商品——B商品　　　　　　　　　　50000
　　应交税费——应交增值税（进项税额）　8500
　贷：预付账款——倩依依公司　　　　　　　58500

美美按照雯姐所嘱咐的步骤，完成了所有手续，心里觉得还是没有底，于是又拿着所有资料去找雯姐。

填制往来款的原始凭证

雯姐接过资料，笑着问："什么事？"

"雯姐，你帮我看看，我办得对不对，手续全吗？有什么遗漏或需要注意的？"美美一脸认真地说。

"还真像那么回事，我看看。"雯姐笑着说完，开始认真地看美美拿过来的所有资料。

"嗯，不错。如果后期收到欠款或支付货款怎么办呢？都需要哪些原始凭证？"雯姐一边看一边问。

【任务33】任务29中所欠款项于2015年1月30日收到转账支票。

【行动过程】

（1）审核收到的转账支票（如图7-6、图7-7所示）。

图7-6 收到的转账支票(正面)

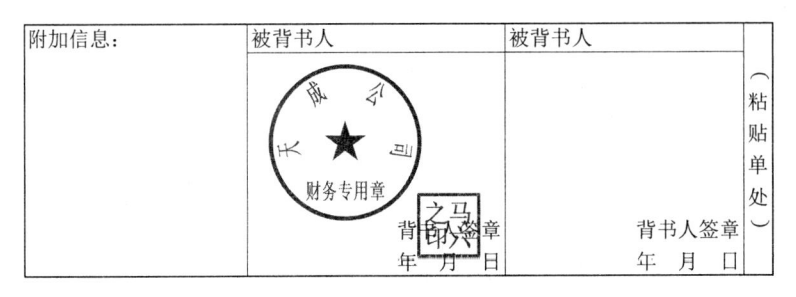

图7-7 收到的转账支票(背面)

（2）根据转账支票打印收据，并注明转账支票号码（收据一式三联，垫复写纸后在第一联上一次书写完成，收款人和交款人分别签字，盖上财务专用章，第二联交客户联撕下给客户，如图7-8所示）。

（3）根据转账支票填写进账单（如图7-9所示）。

（4）转账支票背面盖章后，连同进账单一起送存银行。

（5）据进账单回单和收据第三联记账联填写记账凭证。

（6）登记银行存款日记账。

收　据

2015年1月30日　　　　　　　　　　№0020119

今收到　蓝天购物商场		第二联 交客户
交　来　前欠货款（转账支票，票号　003245）		
人民币（大写）贰拾伍万元整	¥250000.00	
收款单位 盖　章（天成公司 财务专用章）	收款人：刘美美　交款人：张武	

图7-8 收据

中国工商银行进账单（回单或收账通知）　1

2015年01月30日　　　　　　　　　　第 02 号

收款人	全称	天成公司	付款人	全称	蓝天购物商场
	账号	11020236587456888		账号	10020236538099
	开户银行	工行北京市支行		开户银行	农行北京市分行
人民币（大写）贰拾伍万元整				百十万千百十元角分	¥25000000
票据种类	转账支票		收款人开户行盖章		
票据张数	1		中国工商银行北京市支行 2015.01.30 转讫		
单位主管　　会计					
复　核　　记账					

图7-9 中国工商银行进账单

【任务34】任务30中所欠货款于2015年1月15日汇款给对方。

【行动过程】

（1）审核付款通知单。

（2）根据付款通知单填写汇款单（如图7-10所示）。

（3）去银行办理汇款。

（4）据汇款回单填写记账凭证。

（5）登记银行存款日记账。

中国工商银行 电汇凭证

☑普通　□加急　　　委托日期 2015年1月15日

汇款人	全称	天成公司	收款人	全称	倩依依公司
	账号	11020236587456888		账号	10020236538026
	汇出地	北京　　　市/县		汇入地	北京　　　市/县
汇出行名称		工行	汇入行名称		农行

金额　人民币（大写）伍万捌仟伍佰元整　　百十万千百十元角分
　　　　　　　　　　　　　　　　　　　　　　　　　　　 0 0 0

此汇款支付给收款人　　　　支付密码 135125379

附加信息及用途：货款

（财务专用章）　汇款人盖章　　　　　　　复核　　　记账

图7-10 中国工商银行电汇凭证

汇兑结算程序如图7-11所示。

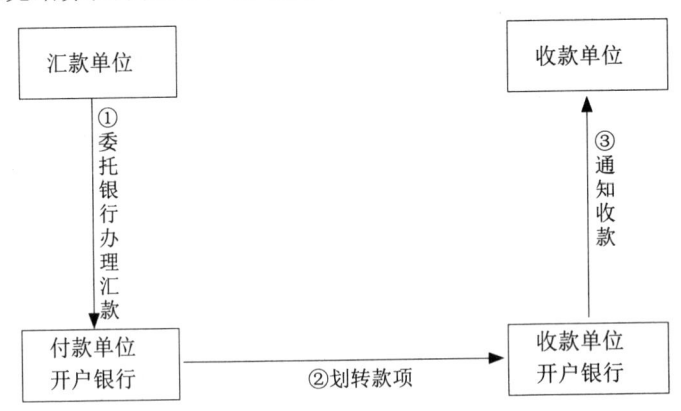

图7-11 汇兑结算流程图

雯姐看完所有手续后，露出满意的笑容："不错，手续挺齐的，原始凭证填写得也正确，继续努力。"

美美紧张的心放下了，露出甜甜的笑容："谢谢雯姐，我会向你看齐的，你是我的偶像，什么都懂，我什么时候能像你这样啊。"

"冲你的聪明好学，不会太久的，我都担心你抢我饭碗了。"雯姐说。

"怎么会，你不会不想教我这个笨学生了吧？"美美故意做出委屈的表情，两人一起呵呵笑出了声。

往来款的明细登记

"往来款项的原始凭证已经填写了，往来账不归我记，我要做什么？"玩笑过后，美美认真请教起来。

"你要做一个往来款明细备查簿。"雯姐说。

"哦，我想起来了，交接的时候有个备查账，雯姐你再受累给我讲一遍吧，伟大睿智、聪明厉害的姐姐……"美美又开始施展她的甜嘴功。

雯姐见美美的赞美没完没了，大有5分钟内不停歇的架势，赶紧打断美美的话："好了，受不了你，我再给你说说吧。"

美美"计谋"得逞，嘿嘿一乐："谢谢雯姐，我太爱你了。"

【任务35】任务29和任务33中欠货款和收货款的登记。

【行动过程】

（1）根据欠款手续登记往来款项备查簿（如表7-1所示）。

（2）根据收款手续登记往来款项备查簿。

（3）每月初和对方对账。

（4）定期核查往来款项备查簿，及时催要快到收款期限的欠款。

（5）定期清查往来款，避免或减少呆账坏账的产生。

表7-1 应收账款备查簿

单位：蓝天购物商场（电话：6969696）

序号	日期	经济业务内容	总金额	预收金额	欠款金额	经办人员	签批领导	还款期限	还款金额	余额
1	2015.1.5	A商品500件，500元/件	250000		250000	王璐	马六	2015.2.5		250000
2	2015.1.30	收到转账支票							250000	0
3										
4										
5										
6										

【任务36】任务31和2015年1月30日收欠货款的登记。

【行动过程】

（1）根据欠款手续登记往来款项备查簿（如表7-2所示）。

（2）根据收款手续登记往来款项备查簿。

（3）每月初和对方对账。

（4）定期核查往来款项备查簿，及时催要快到收款期限的欠款。

（5）定期清查往来款，避免和减少呆账坏账的产生。

表7-2 应收账款备查簿

单位：蓝天购物商场（电话：6969696）

序号	日期	经济业务内容	总金额	预收金额	欠款金额	经办人员	签批领导	还款期限	还款金额	余额
1	2015.1.2	预收货款		50000						-50000
2	2015.1.5	A商品500件，500元/件	250000		200000	王璐	马六	2015.2.5		200000
3	2015.1.30	收到欠款							200000	0
4										
5										
6										

【任务37】任务30和任务34支付欠货款的登记。

【行动过程】

（1）根据欠款手续登记往来款项备查簿（如表7-3所示）。

（2）根据付款手续登记往来款项备查簿。

（3）每月初和对方对账。

（4）定期核查往来款项备查簿，提前准备快到付款期限的款项。

表7-3 应付账款备查簿

单位：倩依依公司

序号	日期	经济业务内容	总金额	预收金额	欠款金额	经办人员	还款期限	还款金额	余额
1	2015.1.6	购入B商品200件，250元/件（不含税）	58500		58500	刘丽	2015.2.5		58500
2	2015.1.15	支付欠款						58500	0
3									
4									
5									
6									

同一个单位再次发生欠款往来业务，继续在同一账页中登记，年终也不用更换新账，下年可以接着用。

美美听得很仔细，并在笔记本上做了详细的记录，记完后，美美又细细地回味了一下，觉得都理解了，也记全了，没有什么遗漏。

"我今天又有收获了，爱死雯姐了，你就是我的偶像，我知识的提款机。"美美高兴地说。

"臭丫头，受不了你，都会了吗？"雯姐笑呵呵地问。

"嗯，会了。"美美使劲点头。

"会啦？会了就赶紧回去工作。"雯姐假装板着脸说。

美美美滋滋地回到了自己的座位，赶紧查看了一下以前的备查簿，按照雯姐的讲解和自己的理解查对了一下。

"啊，完全正确。"接着美美赶紧趁热打铁，进行了这次业务的备查簿登记。

第 8 章

财政大权我担当——预支和报销

本章知识点

预支即预先支付，详细解释为预先借领或支付工资、稿酬等款项。

报销是指个人因处理公司的事务或受公司指派出差执行公司的某项公务而发生的费用，由经办人或申请人按公司的规定，凭业务发生的原始单据(发票)向公司报销费用，领取现金或银行存款的一项经济活动。

备用金是指付给单位内部各部门或工作人员用作零星开支、零星采购、售货找零或差旅费等用途的款项。

第 8 章
财政大权我担当——预支和报销

美美从事出纳工作已经有一段日子了，平时遇到的业务各式各样，但大多都是一些琐碎的报销工作，美美对这些业务进行了归纳总结。

预支和报销

预支和报销是美美这些天遇到的最多的业务，这不，今天王璐就要出差去河北省秦皇岛开订货会，需要预支差旅费。

【任务38】2015年1月12日，王璐出差预借差旅费2000元。
【行动过程】
（1）王璐填写差旅费借款单，并找相关领导签字（如图8-1所示）。
（2）出纳人员美美审核借款单、领导及借款人签字，确认无误后付款。

（3）付款后，在借款单上盖上现金付讫章。

（4）据借款单填写记账凭证，并登记现金日记账。

（5）把借款单及记账凭证传递给会计。

差旅费借款单
2015年1月12日

借 款 人	王璐	借款部门	供应科
借款事由	开订货会	出差地点	秦皇岛
借款金额	人民币（大写）贰仟元整		现金付讫 ￥2000.00

单位负责人：马六　　会计主管：于雯　　出纳：刘美美　　借款人：王璐

图8-1 差旅费借款单

【任务39】2015年1月15日，王璐出差回来报销差旅费。

【行动过程】

（1）王璐填写好差旅费报销单，找自己部门负责人签字后，找会计主管审核，再找单位负责人签字（如图8-2所示）。

差旅费报销单
2015年1月15日

报销人姓名	王璐	所在单位	天成公司		出差地点	秦皇岛	
出差事由	开订货会	出差时间	2015年1月12日至15日				
费用项目	交　通　费			住宿费	补助费	其他费用	合计
	火车票	飞机票	船票	汽车票			现金付讫
凭证张数	2				1	4天		3
金额	860.00				900.00	200.00		1960.00
原借款项			报销数	1960.00	补退数		
报销金额	人民币（大写）：壹仟玖佰陆拾元整						

单位负责人：马六　　部门负责人：周红　　主管会计：于雯　　报销人：王璐

图8-2 差旅费报销单

（2）出纳美美审核差旅费报销单，确认无误后，收取差旅费剩余款。

（3）收款后，出纳开出收据，并经报销人王璐签字（如图8-3所示）。

收 据

2015年1月15日　　　　　　　　　　　　　　　　　　　№3567

今收到　 王璐
交　来　 差旅费剩余款　　　　　　　现金收讫
人民币（大写）肆拾元整　　　　　　￥40.00
备　注　 收现金

收款单位盖章　（财务专用章）　　收款人：刘美美　　交款人：王璐

第三联　记账联

图8-3　差旅费收据

（4）出纳在收据的第二、三联上盖上财务专用章，将第二联收据联交给王璐，在第三联记账联上盖上"现金收讫"章。

（5）根据差旅费报销单及收据第三联记账联填写记账凭证，借方填写库存现金，金额40元，据此登记现金日记账。

（6）把差旅费报销单、收据及记账凭证传递给会计。

这两项任务还有另外一种做法，如下：

【任务38】2015年1月12日，王璐出差预借差旅费2000元。

【行动过程】

（1）王璐填写差旅费借款单，并找相关领导签字。

（2）美美审核借款单、领导及借款人签字，确认无误后付款。

（3）付款后，在借款单上盖上现金付讫章，用此借条顶现金，暂时不记现金日记账。

【任务39】 2015年1月15日,王璐出差回来报销差旅费。

【行动过程】

(1)王璐填写好差旅费报销单(如图8-4所示),找自己部门负责人签字后,找会计主管审核,再找单位负责人签字。

差旅费报销单
2015年1月15日

报销人姓名	王璐	所在单位	天成公司		出差地点		秦皇岛
出差事由	开订货会	出差时间		2015年1月12日至15日			
费用项目	交 通 费			住宿费	补助费	其他费用	合计
	火车票	飞机票	船票	汽车票				
凭证张数	2				1	4天		3
金额	860.00				900.00	200.00		1960.00
原借款项	2000.00		报销数	1960.00		补退数		40.00
报销金额	人民币(大写):壹仟玖佰陆拾元整							

单位负责人:马六　　部门负责人:周红　　主管会计:于雯　　报销人:王璐

图8-4 差旅费报销单

(2)出纳美美审核差旅费报销单,确认无误后,收取差旅费剩余款。

(3)收款后,美美把借款单交还给报销人王璐。

(4)美美在差旅费报销单上盖上现金付讫章。

(5)根据差旅费报销单填写记账凭证,贷方填写库存现金,金额1960元,据此登记现金日记账。

(6)把差旅费报销单及记账凭证交给会计。

借支工资处理方法一般同第二种做法,员工打借条借款,出纳暂时不记现金日记账,等到发放工资的时候,按工资总额扣除借条的金额付给员工,出纳按工资总额记现金日记账。

第一种做法符合会计制度的要求,第二种做法是一种简易方法,虽然不符合会计制度的要求，但是符合借款人的心理，一般情况下，借款人都希望还完款或报销完毕时把借条销毁。所以，一般单位都会采用第二种做法。

美美第一次办理此类业务的时候采用了第一种做法，员工非常不理解，和美美理论了一番。美美认为这完全是按照老师教的方法做的，为什么员工非得要把借条要回去。但是美美已经把借条入账了，没办法还回去，最后在雯姐的协调下，美美给员工打了个全款的收据（如图8-5所示），并注明了借款数额、报销数额和交回金额，员工小心翼翼地把收据保存起来了才算罢休。

收　据

2014年8月15日　　　　　　　　　　　№3567

今收到	马小琍
交　来	所借差旅费　　　现金收讫
人民币（大写）	贰仟元整　　　￥2000.00
备　注	8月12日借差旅费2000元，8月15日报销1860元，交回现金140元

收款单位盖章：财务专用章　　收款人：刘美美　　交款人：马小琍

第三联：记账联

图8-5 收据

经过了这件事情，美美明白了员工们的担心，对他们也非常理解。后来美美再办理此类业务，就变得灵活多了。

备用金制度帮大忙

工作久了,美美积累了丰富的工作经验,同时她也肯动脑子,不会把自己弄得那么累。毕竟业务越来越多,人员却没有增加,美美只能自己想办法减轻工作量。这不,美美回想自己经手的业务,发现供应科借支报销的次数比较频繁,而且数额不是很大,一个月总报销费用和零星采购物品费用总金额在10000元左右。美美觉得,如果让供应科采用备用金制度应该会减少自己的工作量,也可以减少供应科的审批手续和次数。

美美想到就做,赶紧找雯姐商量,雯姐一想,也确实是这个情况,暂时公司也没打算招人。雯姐请示了领导后,事情就定了下来,对供应科采用备用金制度。

美美为供应科的科长进行了备用金报销制度以及备用金领用、报销程序的讲解。

"我先介绍一下备用金的领用。"美美说。

"比如你们科总是进行一些零星采购,每次采购都要借款,金额也不大,但是手续不能省,每次都要填写借款单,要领导审批,非常麻烦。我估算了一下,每个月你们科都要进行10000元左右的零星采购和差旅费报销。采用备用金制度后,你们科可以由科长负责把一个月的周转资金都借去,每次的零星采购都从科长那里拿钱,可以简化审批手续,操作也灵活。领备用金时,由科长填写借款凭证;借款凭证还是采用一式三联,第一联为记账联,财务部作为付款和记账依据;第二联为结算联,借款期间由出纳员留存,报销时作为核对依据,报销后随同报销单据作为记账凭证的附件；第三联借据，交借款人也就是科长保存，报销时由出纳员签字，作为借款结算及交回借款的收据。"

"明白了吗？"美美问。

"这还不明白，不就是权力下放了，以后我们科借钱就不用找你了，直接找我就行了。"供应科科长笑着说。

"虽然权力放给你了，但是相应的责任你也得承担。"美美严肃地说。

"什么责任，不就是别把钱花丢了嘛。"供应科科长说。

"对，但是也不是那么轻松的活，记住，好记性不如烂笔头，做好借款手续。"美美认真地提醒。

"明白的，小妹妹，谢谢你啦。我今天就可以借款了吧。"供应科科长半开玩笑地说。

"当然可以，你填借款单吧。"美美认真地回答。

【任务40】2015年2月6日，供应科借备用金10000元，作零星采购和开支使用。

【行动过程】

（1）供应科科长填写借款单（如图8-6所示），一式三联，找相关领导签字。

借 款 单
2015年2月6日

借 款 人	周红	借款部门	供应科
借款事由	备用金		
借款金额	人民币（大写）壹万元整	现金付讫	¥10000.00

第一联：记账联

单位负责人 马六　　会计主管 于雯　　出纳 刘美美　　借款人 周红

图8-6 借款单

（2）出纳人员美美审核借款单内容，确认无误后付款，在借款单各联上盖上现金付讫章，将第三联交给借款人。

（3）出纳人员美美根据借款单第一联填写记账凭证，据此登记现金日记账，并把第二联单独保存。

（4）把借款单及记账凭证传递给会计。

供应科科长借好备用金后，美美顺便给她普及了一下备用金的报销程序。

"备用金分为定额备用金和非定额备用金两种，所谓定额备用金是指单位对经常使用备用金的内部各部门或工作人员根据其零星开支、零星采购等的实际需要而核定一个现金数额，并保证其经常保持核定的数额。就比如你们科，假如采用定额备用金制度，你借完钱后，你们科进行零星采购都是从你那儿拿钱，报销也找你，由你定期到财务报销。报销的时候，我按发票等单据金额全额付给你现金，这时你手里的现金就又变成你借的备用金数额了。"因为本公司是第一次采用定额备用金制度，所以美美耐心地给科长解释。

"我明白了，我负责统一来报销，报销的时候就相当于我拿自己的钱买东西，你要全额给我。对吧？"科长问。

"Yes, very good."美美说。

非定额备用金是指用款部门根据实际需要向财会部门领款，在凭有关支出凭证向财会部门报销时，作为减少备用金处理，直到用完为止。如需补充备用金，再另行办理借款手续。

【任务41】2015年2月28日，供应科报销本月费用9400元（采用定额备用金制度）。

【行动过程】

（1）供应科负责人找相关领导签字后，到出纳处报销。

（2）出纳人员美美审核完单据，确认无误后，支付现金9400元，并在单据上加盖现金付讫章。

（3）出纳人员美美根据报销单据填写记账凭证，并登记现金日记账。

> **注意**
>
> 采用定额备用金制，到年底的时候要把备用金全额交回，如下年还需要用的话，重新核定定额并借款。

【任务42】2015年2月28日，供应科报销本月费用9400元（采用非定额备用金制度）。

【行动过程】

（1）供应科负责人找相关领导签字后，到出纳处报销。

（2）出纳人员美美审核完单据，确认无误后，收回剩余款600元打印收据，双方签字后加盖现金收讫章和财务专用章。

（3）出纳人员美美根据收据填写记账凭证，并登记现金日记账。

（4）出纳人员美美把报销单据和记账凭证及所附收据（如图8-7所示）传递给会计。

收　据

2015年2月28日　　　　　　　　　　　　　　　　　　№3599

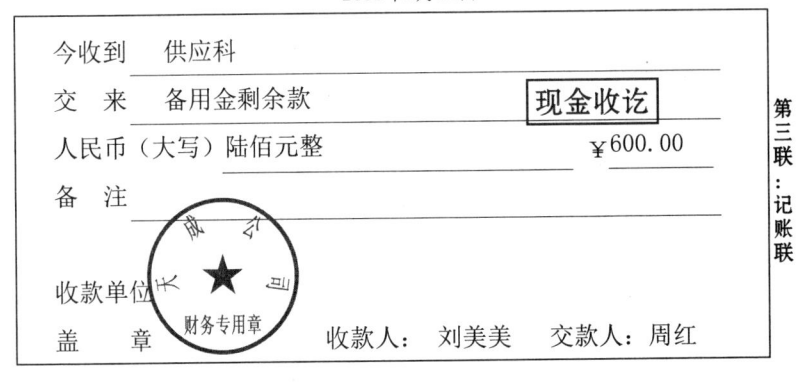

今收到　供应科
交　来　备用金剩余款　　　　　　现金收讫
人民币（大写）陆佰元整　　　　　￥600.00
备　注
收款单位盖章　　　　　　收款人：刘美美　　交款人：周红

第三联：记账联

图8-7 收据

不同的单位，内部各部门或工作人员使用备用金的业务性质不同，会计制度的规定也不同。总而言之，无论实行哪种管理办法，都要建立健全备用金的领用、保管和报销等手续制度，并指定专人负责经管备用金。经管人员发生变动时，必须办理交接手续，以明确经济责任。

美美给周红讲解完备用金的使用、报销方式和办理手续后，征求了周红的意见，是采用定额备用金还是采用非定额备用金方式。周红选择了非定额备用金方式，她觉得第一次采用备用金，心里没底，而非定额备用金方式和报销差旅费方式类似，好理解，不容易出错。美美又向她说明了采用备用金制度后，供应科日常零星采购、出差等借款和报销都在供应科完成，月末或备用金用完时，由供应科负责人周红统一到财务部报账。

美美完成任务后，把供应科采用备用金制度时间、数额及报销采用非定额备用金方式等情况报给雯姐备案。

原始凭证遗失

一天下午快下班的时候,美美正在忙着对账,供应科负责人周红突然来到办公室。

"美美,咨询点事。"周红说。

"大科长,什么事?"美美开着玩笑问。

"我今天去安文公司购买办公用品,回来后发现发票不见了。"周红焦急地说。

"哦,是不是没开啊。"美美说。

"开了,我盯着开的。"周红肯定地说。

"落他们那儿了吧?"美美又问。

"没有,我打电话问了。"周红说。

"会不会放错地方了?包里、衣服兜里都找了么?谁陪你去的,不会在别人那里吧?"美美继续帮忙分析。

"没有,我都找了好几遍了。你看有什么办法吗?我让安文公司再给开一张发票,他们说开不了。"周红有点沮丧。

"那你去安文公司,把那张发票的存根或记账联复印一份,哪联都行,然后盖上安文公司的公章。用这个代替丢失的发票。"美美给周红出了一个主意。

"行吗?"周红用企盼的眼神看着美美说。

"行,他们会计懂,你就放心吧。"美美肯定地说。

"真的啊,太好了,10000多块钱的东西呢,办好了,请你吃饭。"周红心花怒放地说。

"吃大餐啊!"美美狡黠地说。

"没问题！"周红兴奋地回答。

"但是，你复印回来还要找马总和雯姐签字才行。"美美提醒。

"知道了，美美，谢谢你。"周红感激地说。

其实美美看过《会计基础工作规范》《中华人民共和国发票管理办法》及其《实施细则》，里面有对丢失原始凭证的一些规定。

根据财政部《会计基础工作规范》第五十五条的规定：从外单位取得的原始凭证如有遗失，应当取得原开出单位盖有公章的证明，并注明原来凭证的号码、金额和内容等，由经办单位会计机构负责人、会计主管人员和单位领导人批准后，才能代作原始凭证。如果确实无法取得证明的，如火车、轮船、飞机票等凭证，由当事人写出详细情况，由经办单位会计机构负责人、会计主管人员和单位领导人批准后，代作原始凭证。

同时，当地税务方面对此也有相应的规定，最好的处理方法是先咨询当地国、地税税务部门的税务专管员，问清需要哪些手续。只有经过税务机关认可后，企业才可以进行相应的处理。

所以，如果丢失的发票正常进行会计处理的话，必须经主管税务机关认可。如果没经过税务机关认可，单位也可入账，但是就不能在所得税前扣除了。

【任务43】2015年3月2日，供应科周红丢失购买办公用品发票13000元。

【行动过程】

（1）由保管员填开办公用品的入库单。

（2）周红拿入库单找领导说明发票丢失情况。

（3）周红去安文公司复印发票存根联或记账联，并加盖安文公司公章。

（4）去本公司所得税主管税务机关办理相关手续。

（5）凭发票复印件和主管税务机关出具的手续报销。

美美给周红解释完相关知识后建议周红再咨询一下雯姐，是否要税务部门认可，如果需要，再咨询主管税务机关，看都需要什么手续，因为各地税务部门对此的规定各不相同。

午餐费、住宿费和招待费

员工午餐问题是每家企业都要涉及的。因为企业规模等因素的影响，有的企业设有内部食堂，有的企业直接给员工发放午餐补贴，有的则采取与餐馆合作的方式提供午餐。无论哪种形式，午餐费用如何做账纳税都是企业关注的问题。

美美的公司也涉及这个问题了，随着业务量的增加，员工的工作也越来越紧张，为了给员工提供更好的服务，让员工安心工作，公司决定，中午给员工提供午餐，但是采用哪种方式更合理，还在讨论中。这不，现在这个光荣而伟大的任务落到了财务部的人员身上，要求既要符合税务管理规定，又要适合公司现状，还要符合员工心愿。

雯姐叫上美美，一起研究了午餐费在税法上的各种处理方式。

首先，雯姐和美美总结出两种情况：一种为公司自办食堂或公司统一提供午餐，一种是不统一提供午餐而按月发放午餐费补贴。

财政部《关于企业加强职工福利费财务管理的通知》（财企〔2009〕242号）第一条第一款规定：职工福利费包括自办职工食堂经费补贴或未办职工食堂统一供应午餐支出；同时该文件第二条第二款特别指出，企业给职工发放的节日补助、未统一供餐而按月发放的午餐费补贴，应当纳入工资总额管理。

雯姐和美美又研究了这两种情况应该取得什么样的原始凭证才算合法。

第一种情况，单位提供午餐的，得有证据证明午餐的成本，买菜、米、面、油等要有发票，如果取得不了发票，也可以去税务局代开；如果是订餐，得有餐饮业发票，凭票结算款项。不符合规定的发票，不得作为财务报销凭证。

第二种情况，未统一供餐而按月发放的午餐费，直接纳入职工工资总额，做到工资表中随工资一起发放，这种情形下原始凭证即为工资单。

原始凭证明确后，就是账务处理了。雯姐给美美讲解：作为福利费列支情形，据发票直接记入"应付职工薪酬——福利费"借方，贷记"库存现金"等；作为工资列支的，即为工资核算，月末据工资表借记相关科目，贷记"应付职工薪酬——工资"。

雯姐和美美分析了自己公司的情况和周边饭店的情况，初步决定让离公司最近的祥和苑饭店按每人10元的标准给公司送餐，按每月月末结账的方式试行。选择祥和苑饭店的理由一，本公司员工大部分都在这个饭店用过餐，口味不错，价格也实惠；理由二，这个饭店正规，隶属于北京市洪阳餐饮公司，有餐费发票，能税前列支费用。

雯姐把商量的结果报领导审批后，暂时实行此政策。这样，美美每个月又多了一项工作——结算午餐费。

【任务 44】2015 年 2 月 28 日，祥和苑饭店结算本月午餐费 2000 元。

【行动过程】

（1）祥和苑饭店开具午餐费发票和 2 月份送餐明细表。

（2）相关领导审核签字。

（3）饭店经手人签字后，出纳人员美美付款，并在发票上盖上现金付讫章（如图 8-8 所示）。

北京市国家税务局通用机打发票 01（平推三联）

发 票 联

开票日期： 2015年2月28日		发票代码：113001210099
	行业分类：服务业	发票号码：00070628
		发票密码：11112222
付款方：天成公司	识别号：	机打代码：113001210099
收款方：北京市洪阳餐饮公司	识别号：110021212121211	机打号码：00070628
项目		金额
午餐费	现金付讫	2000.00
开票人：李小强	备注： 经手人：王安	
合计（大写）	人民币贰仟元整	（小写）¥2000.00

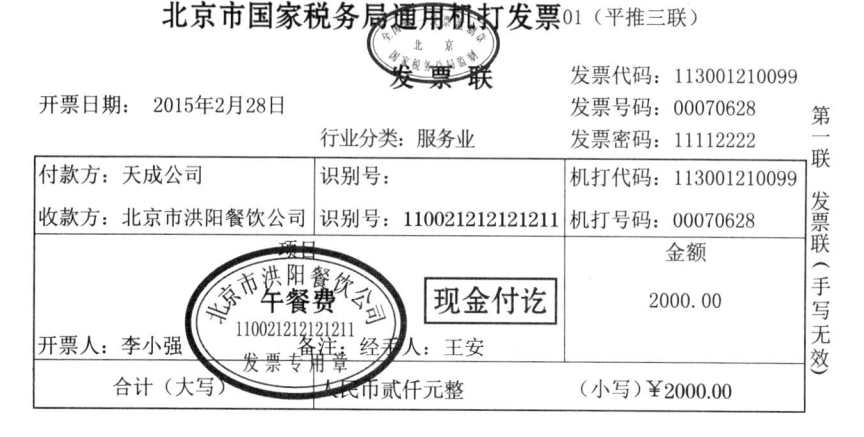

图8-8 午餐费发票

【任务 45】2015 年 3 月 9 日，王璐报销餐饮费 12000 元。

【行动过程】

（1）洪阳餐饮公司开出发票，持发票联及饭费清单来本公司找王璐签字，再找马总和雯姐签字。

（2）出纳人员美美审核单据，确认无误后洪阳餐饮公司领款人在发票上签上经手人名字。

（3）出纳人员美美付款（也可转账）后，在发票上盖上现金付讫章（如图8-9所示）。

北京市国家税务局通用机打发票 01（平推三联）

发票联

开票日期：2015年3月9日	发票代码：113001210099
行业分类：服务业	发票号码：00070651
	发票密码：11166222

付款方：天成公司	识别号：	机打代码：113001210099
收款方：北京市洪阳餐饮公司	识别号：110021212121211	机打号码：00070651

午餐费	现金付讫	金额 12000.00
开票人：李小强	备注 经手人：王璐	
合计（大写）	人民币壹万贰仟元整	（小写）¥12000.00

图8-9 餐饮费发票

【任务46】2015年3月9日，王璐报销招待客户住宿费2000元。

【行动过程】

（1）王璐拿着住宿费发票找领导签字。

（2）出纳人员美美审核单据，确认无误后王璐在发票上签上经手人名字。

（3）出纳人员美美付款后，在发票上盖上现金付讫章（如图8-10所示）。

北京市国家税务局通用机打发票 01（平推三联）

发票联

开票日期：2015年3月9日

行业分类：服务业

发票代码：113001210099
发票号码：00127062
发票密码：36548798

付款方：天成公司	识别号：	机打代码：113001210099
收款方：北京市帝景苑宾馆	识别号：110021255555555	机打号码：00127062
项目	现金付讫	金额
房费		2000.00
开票人：李一帆	备注 经手人：王璐	
合计（大写）	人民币贰仟元整	（小写）¥2000.00

第一联 发票联（手写无效）

图8-10 住宿费发票

美美的日常付款工作，除了采购、工资，大多就是此类业务，并不复杂，操作也很简单。只要熟悉了一个月的业务，以后的业务也就基本一样了，所以工作半年多的美美处理起业务来也得心应手。

PART

第 4 篇

更上层楼,做个全能出纳

第 9 章

民生大计心有数——工资与保险

本章知识点

所谓"五险一金",五险指的是职工养老保险、失业保险、工伤保险、医疗保险、生育保险,一金指住房公积金。其中养老保险、医疗保险和失业保险由企业和个人共同缴纳;工伤保险和生育保险完全由企业承担,个人不需要缴纳。

工资核算我负责

工资和员工息息相关，关系到每个人的利益，所以工资的核算非常重要。原来的工资核算是由人事部完成，可是最近公司工作调整，人事部的工作很多，人手不够，就把工资核算工作转到了财务部。雯姐为了培养美美，就把工资核算工作交给了美美。美美每个月发工资的时候也遇到过很多情况，现在自己做工资核算了，也更加小心，尽量避免错误发生。

工资表又称工资结算表，是按车间、部门编制的，每月一张。正常情况下，工资表会在工资正式发放前的1~3天发放到员工手中。员工可以就工资表中出现的问题向上级反映。在工资结算表中，要根据工资卡、考勤记录、产量记录及代扣款项等资料按人名填入"应付工资""代扣款项""实发金额"三大部分。

工资结算表一般应编制一式三份。一份由劳动工资部门存查；一份按员工姓名裁成"工资条"，连同工资一起发给员工；一份在发放工资时由员工签章后交财会部门作为工资核算的凭证，并以此代替工资的明细核算。在实际工作中，企业发放员工工资、办理工资结算是通过编制"工资结算表"进行的。

【任务47】2015年4月30日编制4月工资表（用Excel表格）。

【行动过程】

（1）美美第一次做工资表，首先打开Excel表格，新建所需的记录表，分别编制基本工资记录表，如图9-1所示，录入基本工资。

	A	B	C	D	E
1	基本工资记录表				
2	编号	姓名	所属部门	职工类别	基本工资
3	0001	王耀东	办公室	管理人员	3000.00
4	0002	马一鸣	办公室	管理人员	3000.00
5	0003	崔静	销售部	管理人员	2000.00
6	0004	娄太平	销售部	管理人员	2000.00
7	0005	潘涛	生产部	工人	1500.00
8	0006	邹艳燕	财务部	管理人员	2500.00
9	0007	孙晓滨	生产部	工人	1500.00
10	0008	赵昌彬	销售部	管理人员	2000.00
11	0009	邱秀丽	财务部	管理人员	2500.00

图9-1 基本工资记录表

（2）编制岗位工资记录表，岗位工资处设置函数（如果采用输入公式的，注意符号均为英文半角），如图9-2所示。

	E3		▼	⊕ fx	=IF(D3="管理人员",2000,1500)
	A	B	C	D	E
1	岗位工资记录表				
2	编号	姓名	所属部门	职工类别	岗位工资
3	0001	王耀东	办公室	管理人员	2000.00
4	0002	马一鸣	办公室	管理人员	2000.00
5	0003	崔 静	销售部	管理人员	2000.00
6	0004	娄太平	销售部	管理人员	2000.00
7	0005	潘 涛	生产部	工人	1500.00
8	0006	邹艳燕	财务部	管理人员	2000.00
9	0007	孙晓滨	生产部	工人	1500.00
10	0008	赵昌彬	销售部	管理人员	2000.00
11	0009	邱秀丽	财务部	管理人员	2000.00
12	合计				17000.00

图9-2 岗位工资记录表

（3）编制奖金记录表，奖金额输入采用函数，如图9-3所示。

	E3		▼	⊕ fx	=IF(C3="办公室",500,IF(C3="财务部",600,IF(C3="销售部",800,IF(C3="生产部",1000))))
	A	B	C	D	E
1	员工奖金记录表				
2	编号	姓名	所属部门	职工类别	奖金
3	0001	王耀东	办公室	管理人员	500.00
4	0002	马一鸣	办公室	管理人员	500.00
5	0003	崔 静	销售部	管理人员	800.00
6	0004	娄太平	销售部	管理人员	800.00
7	0005	潘 涛	生产部	工人	1000.00
8	0006	邹艳燕	财务部	管理人员	600.00
9	0007	孙晓滨	生产部	工人	1000.00
10	0008	赵昌彬	销售部	管理人员	800.00
11	0009	邱秀丽	财务部	管理人员	600.00

图9-3 员工奖金记录表

（4）编制补贴记录表，补贴金额函数输入，如图9-4所示。

	A	B	C	D	E
	E3		=IF(C3="办公室",基本工资记录表!E3*10%,IF(C3="财务部",基本工资记录表!E3*10%,IF(C3="销售部",基本工资记录表!E3*15%,IF(C3="生产部",基本工资记录表!E3*20%))))		
1	员工补贴记录表				
2	编号	姓名	所属部门	职工类别	补贴
3	0001	王耀东	办公室	管理人员	300.00
4	0002	马一鸣	办公室	管理人员	300.00
5	0003	崔 静	销售部	管理人员	300.00
6	0004	娄太平	销售部	管理人员	300.00
7	0005	潘 涛	生产部	工人	300.00
8	0006	邹艳燕	财务部	管理人员	250.00
9	0007	孙晓滨	生产部	工人	300.00
10	0008	赵昌彬	销售部	管理人员	300.00
11	0009	邱秀丽	财务部	管理人员	250.00

图9-4 员工补贴记录表

（5）编制考勤表，输入请假人员的请假天数，如图9-5所示。

	A	B	C	D	E
	E5				0.5
1	员工考勤记录表				
2	编号	姓名	所属部门	职工类别	请假天数
3	0001	王耀东	办公室	管理人员	1
4	0002	马一鸣	办公室	管理人员	
5	0003	崔静	销售部	管理人员	0.5
6	0004	娄太平	销售部	管理人员	
7	0005	潘涛	生产部	工人	2
8	0006	邹艳燕	财务部	管理人员	3
9	0007	孙晓滨	生产部	工人	
10	0008	赵昌彬	销售部	管理人员	
11	0009	邱秀丽	财务部	管理人员	7

图9-5 员工考勤记录表

（6）编制工资表，编号、姓名、所属部门、员工类别直接复制粘贴过来即可，基本工资、岗位工资、奖金、补贴分别取数于其他相应表的数据。

（7）应发工资设置公式，可用求和公式，也可用输入"="后，点"基本工资"下相应行金额，输入"+"，再点"岗位工资"下相应行金额，输入"+"，点"奖金"相应行金额，输入"+"，点"补贴"相应行金额，公式设置完毕后回车或点"√"即可。

（8）扣除保险数额公式设置，设置为＝"固定工资"*"个人缴费比例"，如果应发工资不够最低缴费工资数，"固定工资"改为最低缴费基数（每年的最低缴费基数都是不一样的，逐年递增，具体数额以劳动社会保障局公布的数据为准）。

（9）设置"请假扣款"计算公式 =ROUND（E4/30*（VLOOKUP（A4，考勤表！A1：E12，5，0）），0）；"个人所得税扣款"计算公式 =IF（I4-3500-J4-K4＜=0,0,IF（I4-3500-J4-K4＜=1500，(I4-3500-J4-K4)*0.03，IF（I4-3500-J4-K4＜=4500,(I4-3500-J4-K4)*0.1-105)))，此处个人所得税计算按北京2015年标准执行。

（10）设置"实发工资"公式，然后把所有员工各项公式全部填充，最后一栏设置为"签字"，选中需要画表格线的区域，画上表格线，一张完整的工资表就做完了。以后各月只要修改变动项相应表格记录即可，工资表内容会自动生成（如图9-6所示）。

工资发放明细表

单位名称：天成公司　　　　　　　　　　　2015年4月30日

编号	姓名	所属部门	职工类别	基本工资	岗位工资	奖金	补贴	应发工资	扣除保险	请假扣款	扣所得税	实发工资	签字
0001	王耀东	办公室	管理人员	3000.00	2000.00	500.00	300.00	5800.00	528.00	100.00	62.20	5109.80	
0002	马一鸣	办公室	管理人员	3000.00	2000.00	500.00	300.00	5800.00	528.00	0.00	72.20	5199.80	
0003	崔 静	销售部	管理人员	2000.00	2000.00	800.00	300.00	5100.00	423.00	33.00	34.32	4609.68	
0004	娄太平	销售部	管理人员	2000.00	2000.00	800.00	300.00	5100.00	423.00	0.00	35.31	4641.69	
0005	潘 涛	生产部	工人	1500.00	1500.00	1000.00	300.00	4300.00	327.52	100.00	11.17	3861.31	
0006	邹艳燕	财务部	管理人员	2500.00	2000.00	600.00	250.00	5350.00	475.50	250.00	33.74	4590.77	
0007	孙晓滨	生产部	工人	1500.00	1500.00	1000.00	300.00	4300.00	327.52	0.00	14.17	3958.31	
0008	赵昌彬	销售部	管理人员	2000.00	2000.00	800.00	300.00	5100.00	423.00	0.00	35.31	4641.69	
0009	邱秀丽	财务部	管理人员	2500.00	2000.00	600.00	250.00	5350.00	475.50	583.00	23.75	4267.76	
	合计			20000.00	17000.00	6600.00	2600.00	46200.00	3931.04	1066.00	322.17	40880.79	

图9-6 实发工资表

（11）复制工资表，粘贴到空白工资表中，制成工资条（如图9-7所示）。

如果单位人员较少，只设置"工资表"中"应付工资"和"实发工资"计算公式即可，"工资表"中其他各项直接录入数据。

> **注意**
>
> 发放工资时，必须每个人亲自签字后付款。不得代收工资，不得代签，以免引起不必要的麻烦。
>
> 工资发放常见的形式是银行代发工资。无论使用何种发放方式，员工实际领取的工资金额均为扣除员工当月应缴的个人所得税、五险一金、请假扣款等之后的金额，即实发工资额。

美美第一次编制工资表，虽然耗时，可是以后用着就简单多了。美美非常庆幸，大学的时候教授讲过工资表的电子表格制作，这回用上了。但是美美也不敢就此确定自己做的工资表万无一失，所以又辛苦了一下午，按老办法编制了一份工资表，与现在的工资表进行了对比，对比之后结果完全一样，美美这回放心了。

【任务48】2015年5月6日发放4月工资（以现金形式发放）。

【行动过程】

（1）准备好工资表和工资条，填写支出凭单并找领导签字。

（2）按工资表"实发工资"额填写现金支票提取现金（注意要支取各种币值的零钱）。

（3）根据现金支票存根填写记账凭证，登记现金日记账。

（4）员工签字后付给现金。

	A	B	C	D	E	F	G	H	I	J	K	L	M	N	O
1								员工工资条							
2	月份	编号	姓名	所属部门	职工类别	基本工资	岗位工资	奖金	补贴	应发工资	扣除保险	请假扣款	扣所得税	实发工资	签字
3	2015年4月	0001	王耀东	办公室	管理人员	3000.00	2000.00	500.00	300.00	5800.00	528.00	100.00	62.20	5109.80	
4															
5								员工工资条							
6	月份	编号	姓名	所属部门	职工类别	基本工资	岗位工资	奖金	补贴	应发工资	扣除保险	请假扣款	扣所得税	实发工资	签字
7	2015年4月	0002	马一鸣	办公室	管理人员	3000.00	2000.00	500.00	300.00	5800.00	528.00	0.00	72.20	5199.80	
8															
9								员工工资条							
10	月份	编号	姓名	所属部门	职工类别	基本工资	岗位工资	奖金	补贴	应发工资	扣除保险	请假扣款	扣所得税	实发工资	签字
11	2015年4月	0003	崔静	销管部	管理人员	2000.00	2000.00	800.00	300.00	5100.00	423.00	33.00	34.32	4609.68	

图9-7 工资条

（5）根据支出凭单和工资表填写记账凭证，据此登记现金日记账。

（6）把单据和记账凭证传递给会计。

发放工资是美美每个月都要经历的事情，现在已经非常熟练了，她很快就备好现金发放了工资。

我跑五险一金

五险一金是美美每个月必须办的业务，也是美美非常慎重而且关注的事情，因为五险一金和每个职工息息相关。

五险一金的缴纳范围是企业和与之形成劳动关系的所有职工。城镇个体工商户和灵活就业人员，应当按照规定参加基本养老保险等五险。

五险一金的缴纳额度在每个地区的规定不同，以工资总额为基数。《北京市基本养老保险规定》第十二条规定：城镇职工以本人上一年度月平均工资为缴费工资基数，按照8%的比例缴纳基本养老保险费，全额计入个人账户。

缴费工资基数低于本市上一年度职工月平均工资60%的，以本市上一年度职工月平均工资的60%作为缴费工资基数；超过本市上一年度职工月平均工资300%的部分，不计入缴费工资基数，不作为计发基本养老金的基数。

养老保险缴费比例：单位20%，个人8%（全部划入个人账户）。

医疗保险缴费比例：单位8%，个人2%。

失业保险缴费比例：单位2%，个人1%。

工伤保险缴费比例：各个单位缴纳比例不一，看工种危险程度定比例。每个月单位按核定比例缴纳，职工自己不用缴。

生育保险缴费比例：单位每个月按比例缴纳，职工自己不用缴。

公积金缴费比例：根据企业的实际情况，选择住房公积金缴费比例，单位和个人缴费比例是一样的，即个人缴纳多少，单位也缴纳多少，全部计入个人公积金账户。

五险一金申报的基本流程，如图9-8、图9-9所示。

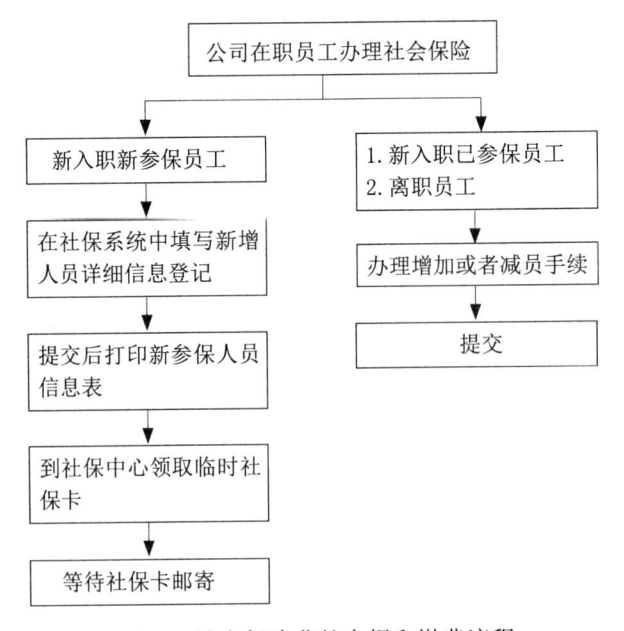

```
                公司在职员工办理社会保险
                  ┌─────────┴─────────┐
                  ▼                   ▼
           新入职新参保员工      1.新入职已参保员工
                  │             2.离职员工
                  ▼                   ▼
          在社保系统中填写新增     办理增加或者减员手续
           人员详细信息登记              │
                  │                   ▼
                  ▼                  提交
          提交后打印新参保人员
              信息表
                  │
                  ▼
          到社保中心领取临时社
                保卡
                  │
                  ▼
            等待社保卡邮寄
```

图9-8 社会保险费的申报和缴费流程

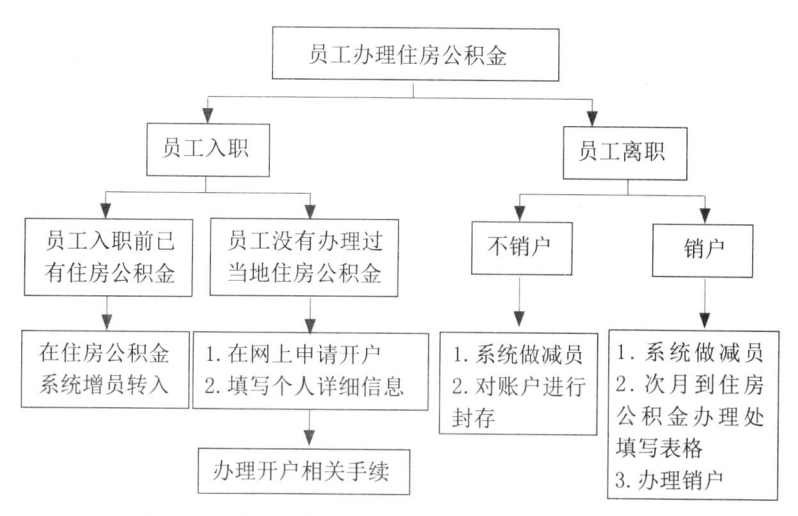

图9-9 住房公积金的申报和缴费流程

北京的五险是通过北京社会保险网上服务平台申报（如图9-10、图9-11所示），住房公积金是通过北京住房公积金网站申报（如图9-12所示）。

图9-10 北京社会保险网上服务平台首页

图9-11 北京社会保险网上服务平台网上申报页面

图9-12 北京住房公积金网站首页

但是也有特例，河北的五险申报就需要登录地方税务局网站进行，这里以失业保险为例说明。

第 9 章
民生大计心有数——工资与保险

【任务49】2015年4月申报本月失业保险（以河北企业申报方式为例）。

【行动过程】

（1）打开网页，输入地方税务局网上申报网址"bs.hebds.gov.cn"。

（2）没办理CA证书的单位，选择"用户名登录方式"，分别输入"用户名""密码""验证码"，单击"登录"按钮；办理CA证书的单位，选择"证书登录方式"，选择"北京数字证书认证中心的证书用户"下"数字证书登录"，"选择证书"显示的是本公司，"选择口令"填写自己设定的密码，然后单击"提交"按钮，如图9-13所示。

图9-13 登录方式

（3）进入网上办税中心，选择"失业保险费申报表"，"税款所属期"一般默认本月，如果缴纳的是本月和以前月份的失业保险，要把起始日期进行修改，然后再分别录入"实际缴费人数""职工工资总额""缴费基数之和"三项数据，再填写"申报处室""经办人"

和"缴费人",单击"报表校验",如图 9-14 所示。

（4）如果本月没在社会保障局申报,也要进行网上缴纳。把"实际缴费人数""职工工资总额""缴费基数之和"分别填"0",再填写"申报处室""经办人"和"缴费人",单击"报表校验"按钮,如图 9-15 所示。

（5）提示"您本张报表已经通过校验,可以申报",点击"立即申报",确认所属期正确后,点"确定"。

（6）如果为"0"申报,申报结果直接显示缴款成功;如果有缴费金额,要转入缴税页面,同"综合纳税申报表"中税款的缴纳。

失业保险费申报表

缴费人全称：	承德成品油质量检验站					开户银行：	中国工商银行股份有限公司承德县支行	
社会保险登记号码：	082143112					银行账号：	0411003092249018351	
缴费人识别号：						费款所属时间：	2015-04-01	
单位费率：	0.02	个人费率：	0.01	申报数		费款限缴时间：	2015-04-20	

项目	代码	单位	申报数	项目	代码	单位	金额
报告期初实际缴费人数	01	人		报告期应缴金额	07	元	1800
报告期增加缴费人数	02	人		其中：单位应缴金额	08	元	1200
报告期减少缴费人数	03	人		个人应缴金额	09	元	600
报告期末实际缴费人数	04	人	15				
全部职工工资总额	05		60000				
个人缴费数之和	06		60000				

缴费人：姜艳玲（签章）
缴费人经办机关填写

经办人：姜艳玲（签章）
财务科（签章）
地方税务机关填写

审核人（签章）
社会保险经办机构填写
复核人（签章）

[暂存] [返回首页] [立即申报] [保表校验]

注：1、本表请于每月10日前申报，逾期不报按《社会保险费征缴暂行条例》和《河北省社会保险费征缴暂行办法》的有关规定处理。

图9-14 失业保险费申报表

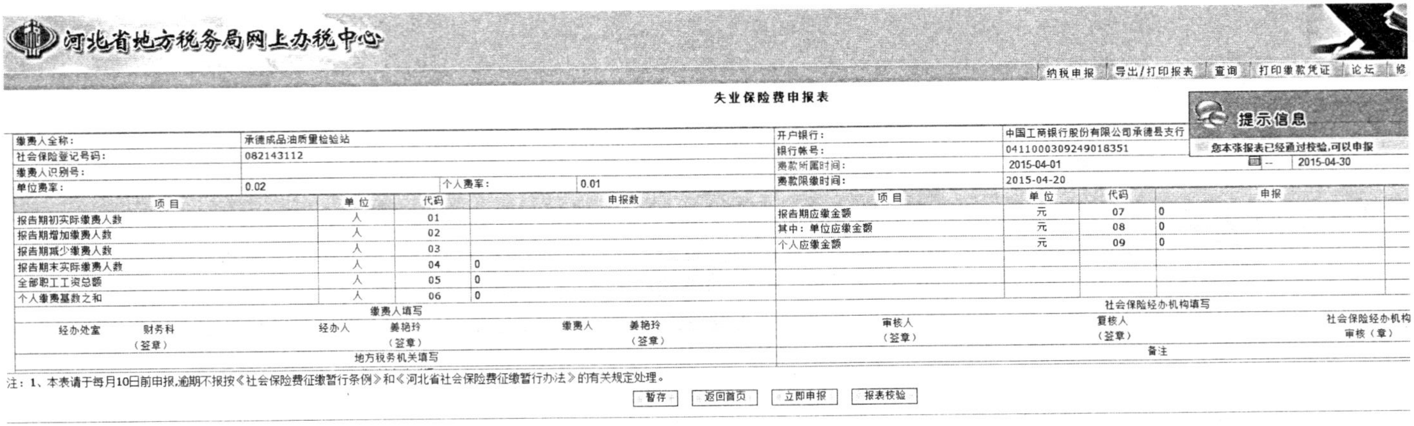

图9-15 报表校验

第 10 章

公司大事我来忙，风险规避

本章知识点

分公司是总公司管辖的分支机构,是指公司在其住所以外设立的以自己的名义从事活动的机构。分公司不具有企业法人资格,其民事责任由总公司承担,虽有"公司"字样但并非真正意义上的公司,无自己的章程,公司名称只要在总公司名称后加上"分公司"字样即可。

第 10 章

公司大事我来忙——风险规避

今年对于美美来说是丰收的一年。虽然有重担压到她身上，美美非但没有抱怨，而且非常欢喜，因为刚参加工作，干得越多，学到的东西也越多。

加开分公司

这不，美美又遇到了新任务。什么呢？是公司要加开分公司。要开办分公司，首先要求总公司为公司形式，美美以前还真没了解过，现在要用到了，就得先了解一下。

天成公司股东有三人：马六、李洋、孟青龙。马六投资2000万元，李洋投资1000万元，孟青龙投资1500万元，公司注册资本4500万元，均为货币投资；有公司章程；法定代表人为马六；经营范围：服装批发、零售。

> **注意**
>
> 公司办理了工商注册后，公司名称受法律保护，且在日常经营活动中，应当使用工商行政管理部门核准的名称，不能改变、增减其中的任何一个字。比如，"新兴有限公司"不能称为"新兴有限责任公司"，反过来，"梦缘有限责任公司"也不能称为"梦缘有限公司"，否则在法律上将被视为两个不同的公司。

虽然美美没办过公司的注册申办工作，但是通过了解，和自己公司情况进行对照，也就基本掌握了。有了这个基础，申请加开分公司就比较简单了。

马总安排美美去办理分公司相关事宜，美美已经去工商部门咨询了相关流程和需要准备的资料。美美了解的情况如下：

目前，分公司分为两种：一种是非独立核算分公司，其职能相当于以前的办事处，起到业务联络和服务支持的作用；第二种是独立核算分公司，可以在分公司所在地经营业务，并在当地开票及纳税申报。无论是独立核算分公司还是非独立核算分公司，其注册登记的材料、流程、时间等都是一样的。

《中华人民共和国公司登记管理条例》第七章分公司的登记：

第四十五条 分公司是指公司在其住所以外设立的从事经营活动的机构。分公司不具有企业法人资格。

第四十六条 分公司的登记事项包括：名称、营业场所、负责人、经营范围。

分公司的名称应当符合国家有关规定。

分公司的经营范围不得超出公司的经营范围。

第四十七条 公司设立分公司的，应当自决定作出之日起 30 日内向分公司所在地的公司登记机关申请登记；法律、行政法规或者国务院决定规定必须报经有关部门批准的，应当自批准之日起30日内向公司登记机关申请登记。

设立分公司，应当向公司登记机关提交下列文件：

（一）公司法定代表人签署的设立分公司的登记申请书；

（二）公司章程以及加盖公司印章的《企业法人营业执照》复印件；

（三）营业场所使用证明；

（四）分公司负责人任职文件和身份证明；

（五）国家工商行政管理总局规定要求提交的其他文件。

法律、行政法规或者国务院决定规定设立分公司必须报经批准，或者分公司经营范围中属于法律、行政法规或者国务院决定规定在登记前须经批准的项目的，还应当提交有关批准文件。

第四十八条 分公司的公司登记机关准予登记的，发给《营业执照》。公司应当自分公司登记之日起30日内，持分公司的《营业执照》到公司登记机关办理备案。

公司登记机关准予变更登记的，换发《营业执照》。

美美所在公司办理的是非独立核算的分公司，名称为"天成公司路桥分公司"，名称核准后，美美按照分公司设立要求准备好所有的文件资料，很快完成了分公司的注册。

相关税务我申报

这个月雯姐出差,到该报税的时候了,雯姐打电话给美美。

"美美,你准备一下资料,把这个月的税帮我报了。"

"我没报过,怕弄错了。"美美胆怯地回答。

"你不是看过我怎么申报吗,放心吧,没事。"雯姐鼓励道。

"好吧,我试试。报完我给你打电话。"美美说。

"好的,先这样。"雯姐说完就挂了电话。

美美知道雯姐是有意在培养自己,所以二话没说,坐到了电脑前,开始了报税工作。

【任务50】2015年4月申报国税税款。

【行动过程】

(1)双击屏幕上的"北京国税网上纳税申报系统2.0"的图标进入系统(如图10-1所示)。

图10-1 北京国税网上申报系统首页

第 10 章

公司大事我来忙——风险规避

(2) 在"纳税人识别号"处点击下拉菜单选择纳税人识别号，在"密码"处输入建立用户时输入的密码。点击"登录"，如果系统提示是否建立新征期，则点击"是"，弹出"选择用于签名的本人证书"窗口，点击黑色向下的箭头，选中纳税人识别号，点"确定"。稍等片刻之后，提示"建立新征期成功"，点击"确定"。

(3) 进入"信息"界面，此界面主要是用于发布税务局通知（如图10-2所示），用户阅读完毕后点击"关闭"。然后点击左侧"报表"选项（如图10-3所示）。

图10-2 信息界面

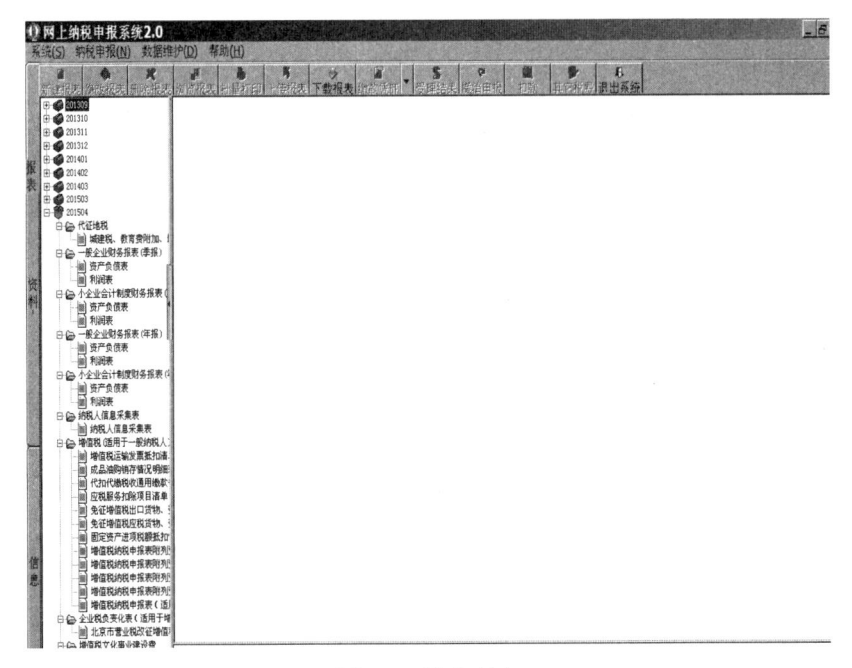

图10-3 报表列表

（4）在左侧选择需要申报的税种（如图10-4所示），按照先填附表再填主表的顺序，点击要填写的附表，再点击上方工具条中的"新建报表"按钮进入该报表（也可直接双击要填写的附表打开填写）。

图10-4 申报税种选择

（5）打开附表，填写里面的内容（如图10-5所示）。在填写完报表后点击上方工具条上的"补零"，再点击"保存"，系统提示"保存成功"，然后可以选择另外一张表按上述方法进行填写。

> **注意**
>
> 报表填写是有顺序的，依次填写"增值税纳税申报表附列资料（一）""增值税纳税申报表附列资料（二）""增值税纳税申报表附列资料（三）"，然后才能填写"增值税一般纳税人主表"。

图10-5 增值税纳税申报表附列资料（二）

（6）填写主表（如图10-6所示）。首先核对"进项税额"和"销项税额"等数据是否和账簿一致，如果不一致，要查明原因。当必填的附表都填写完毕后（填写完毕的标志：填报状态一栏处显示"填写完毕"），即可"新建"主表，主表的保存方法同附表一样（先点"补零"，再点"保存"）。

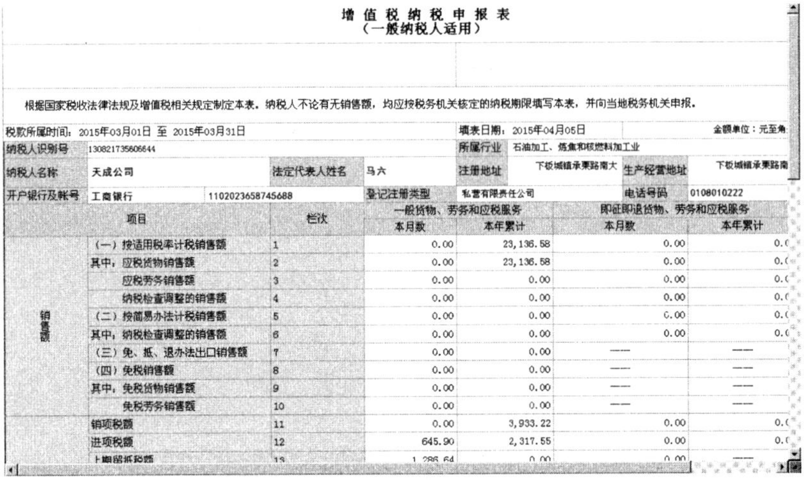

增 值 税 纳 税 申 报 表
（一般纳税人适用）

根据国家税收法律法规及增值税相关规定制定本表。纳税人不论有无销售额，均应按税务机关核定的纳税期限填写本表，并向当地税务机关申报。

税款所属时间：2015年03月01日 至 2015年03月31日			填表日期：2015年04月05日			金额单位：元至角
纳税人识别号	130821735606644		所属行业	石油加工、炼焦和核燃料加工业		
纳税人名称	天成公司	法定代表人姓名	马六	注册地址	下板城镇承栗路南大	生产经营地址	下板城镇承栗路南
开户银行及帐号	工商银行 1102023658745688	登记注册类型	私营有限责任公司		电话号码	0108010222

	项目	栏次	一般货物、劳务和应税服务		即征即退货物、劳务和应税服务	
			本月数	本年累计	本月数	本年累计
销售额	（一）按适用税率计税销售额	1	0.00	23,136.58	0.00	0.0
	其中：应税货物销售额	2	0.00	23,136.58	0.00	0.0
	应税劳务销售额	3	0.00	0.00	0.00	0.0
	纳税检查调整的销售额	4	0.00	0.00	0.00	0.0
	（二）按简易办法计税销售额	5	0.00	0.00	0.00	0.0
	其中：纳税检查调整的销售额	6	0.00	0.00	0.00	0.0
	（三）免、抵、退办法出口销售额	7	0.00	0.00	——	——
	（四）免税销售额	8	0.00	0.00	——	——
	其中：免税货物销售额	9	0.00	0.00	——	——
	免税劳务销售额	10	0.00	0.00	——	——
	销项税额	11	0.00	3,933.22	0.00	0.0
	进项税额	12	645.90	2,317.55	0.00	0.0
	上期留抵税额	13	1,286.64	0.00	0.00	——

图10-6 主表的填写

注意

填写顺序看每个报表后的填写顺序号，先填数字是“1”的，然后填数字是“2”的，再填数字是“3”的。

（7）主表保存成功后，系统会提示“该税种已经填写完毕，是否需要上传”，点击“是”。弹出应缴纳税款金额，用户核对无误后点击“确定”，出现选择证书的窗口，选定对应证书后，点“确定”。系统将提示“您的申报数据正在进行审核，请稍后查询所属税务机关受理结果”，点击“确定”（如图 10-7 所示）。

第 10 章
公司大事我来忙——风险规避

图10-7 申报数据审核

> **注意**
>
> 上传完毕后，并不代表国税局已经收到并认可了报表，还需要通过下一步操作来确认报表是否真正申报成功。

（8）查看受理结果（如图10-8所示）。在左侧选中已经上传过的税种，点击上方工具条中"受理结果"选项，系统提示"申报成功且有税，该税种共开具了1张税票，是否需要查看缴款书"然后点击"是"，缴款书将自动弹出。如果是零申报，将提示"申报成功，且无缴款书"，点击确定即可。

图10-8 查看受理结果

> **注意**
>
> 增值税一般纳税人及零申报企业是没有电子缴款书的，增值税一般纳税人申报成功后需要携带金税卡到国税局抄税，抄税后国税局会打印出缴款书。

北京国税网上的申报程序相对简单，操作过程大体分为四个步骤：登录系统、填写报表、上传报表、查看受理结果。但有一些省份或者地区的网上申报系统需要先导入本月认证的发票信息，或者定期去税务部门进行登记，在缴费方面也略有差别。

【任务51】2015年4月申报地税税款。

【行动过程】

（1）打开网页，输入地方税务局网上申报系统网址，登录系统，如图10-9所示。

（2）没办理CA证书的单位，选择"用户名登录方式"，分别输入"用户名""密码"，单击"登录"按钮；办理CA证书的单位，选择"证书登录方式"，选择"北京数字证书认证中心的证书用户"下的"数字证书登录"选项，"选择证书"显示的是本公司，就不用填写了，"选择口令"填写自己设定的密码，然后单击"提交"按钮。

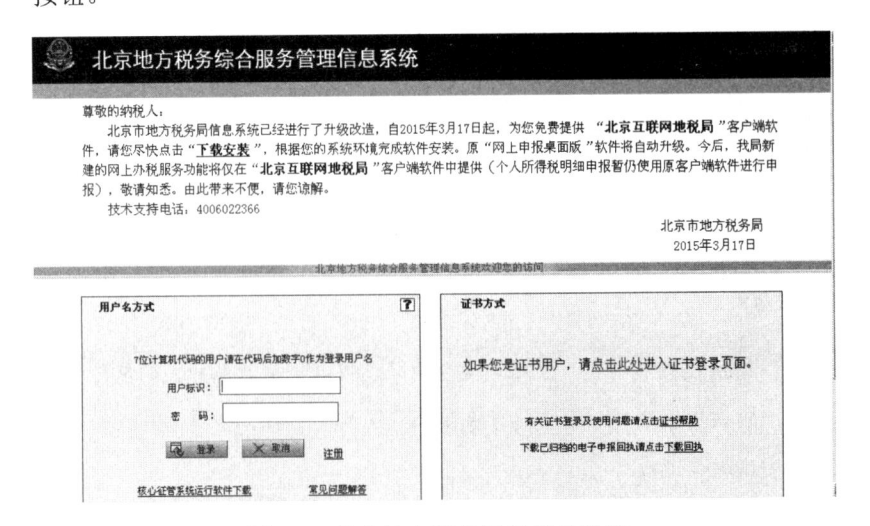

图10-9 北京地方税务局网登录界面

（3）进入网上办税中心后，选择"综合申报"，然后选择税种税目，如图10-10所示。

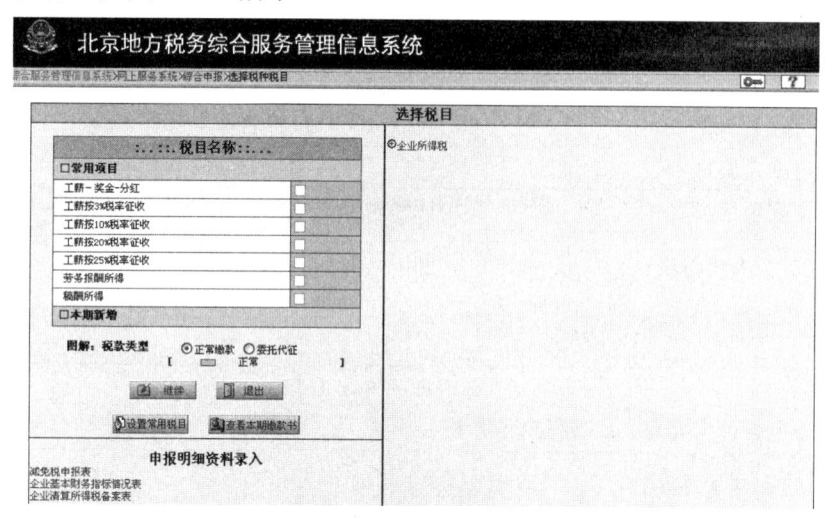

图10-10 选择税种税目

（4）选择"有税申报"后弹出银行端查询缴税凭证，如图10-11所示，填写表格。

（5）写完申报表后，打印，盖好章去银行缴税即可。

银行端查询缴税凭证

银行端查询缴税凭证序号(申报序号)：　　　　　　　填开日期：2015年04月03日

纳税人识别号 （计算机代码）		纳税人名称	天成公司
税务机构代码		税务机关名称	
付款人名称		付款人开户银行名称	
付款人账号			
征收项目		应缴税额	
05 个人所得税		200	
06 增值税		3700	
		金额合计（小写）：¥3900	
金额合计（大写）：叁仟玖佰元整			
付款人（章） 经办人（章）	银行记账员 （章）	限缴日期：	2015年04月20日

注意事项：银行端查询缴税凭证序号即为申报序号
　　　　　纳税人识别号即为计算机代码

图10-11 银行端查询缴费凭证

> **注意**
>
> 　　有的地方的税务系统是通过在线支付进行网上缴税，前面的操作步骤都是相同的。

我办年检

雯姐不在，美美成了"大拿"，雯姐提醒说公司该办年检了，注册分公司的时候要求总公司必须年检，正好也到了年检期。

美美到工商局咨询了公司年检情况。

工商总局自2014年3月1日起停止对领取营业执照的有限责任公司、股份有限公司、非公司企业法人、合伙企业、个人独资企业及其分支机构、来华从事经营活动的外国（地区）企业，及其他经营单位的企业年检工作。

《中华人民共和国公司登记管理条例》第九章第五十八条规定：公司应当于每年1月1日至6月30日，通过企业信用信息公示系统向公司登记机关报送上一年度年度报告，并向社会公示。

年度报告公示的内容以及监督检查办法由国务院制定。

今后企业将采取年报方式。相比年检，年报不需要企业直接到工商部门上交材料，对企业来说更方便一些；年检是监督检查，年报则是一种社会公示行为。

何为年报？也就是说，工商局建立一个"企业信用信息公示平台"。在这个网络平台上，由企业自行把登记情况、取得国家相关部门许可的资质资格证书、资产状况、资本等信息，一一进行报告，并直接对社会公示。由企业自己对年度报告的真实性、合法性负责。年度报告包括投资人缴纳出资情况、资产负债、登记及备案事项变化情况等内容。

美美一看，省事了，不用年检了。

尾 声
End

经历了重重磨炼，美美已经成长为一名称职的出纳。公司的业务发展很好，规模也逐渐扩大，会计人员也显然不够用了，雯姐一个人实在忙不过来，于是请示领导，是不是再加两个人。雯姐已经把请示报告报给了总经理。

美美这几天心情很忐忑，雯姐已经找美美谈过话了。

"美美，咱们公司最近业务挺多的，我打算再增加两个财务人员，你有什么打算吗？"

"真的啊？雯姐，我想试试会计，你看行吗？"美美小心翼翼地问。

"有信心吗？"雯姐笑着问。

"有，不过还得雯姐多指导，可能离了你这'拐棍'，我还没把握。"美美用企盼的眼神望着雯姐。

"到底有没有信心干会计？有，我就定你了，再招两个出纳就行了；没有信心的话，我就直接招会计了。"雯姐继续问。

"有信心，我就干会计了，雯姐你放心。"美美赶紧回答，恐怕失去这个机会。

"那好吧，你准备准备，等招到出纳就办交接。"雯姐会心地笑了。

"好的，谢谢雯姐。"美美心里一直很感激雯姐，知道雯姐平时一直在培养自己。现在自己终于有机会做会计了。